[英国]克里斯托弗·巴特勒 著　朱邦芊 译

现代主义

牛津通识读本·

Modernism

A Very Short Introduction

译林出版社

图书在版编目（CIP）数据

现代主义/（英）克里斯托弗·巴特勒（Christopher Butler）著；
朱邦芊译．—南京：译林出版社，2018.11（2019.12重印）
（牛津通识读本）
书名原文：Modernism: A Very Short Introduction
ISBN 978-7-5447-7363-8

I. ①现… II. ①克… ②朱… III. ①现代主义－研究
IV. ①D089

中国版本图书馆 CIP 数据核字（2018）第 105370 号

著作权合同登记号　图字：10-2013-27 号

现代主义　［英国］克里斯托弗·巴特勒／著　朱邦芊／译

责任编辑　何本国
装帧设计　景秋萍
校　　对　郑　晶
责任印制　董　虎

原文出版　Oxford University Press, 2010
出版发行　译林出版社
地　　址　南京市湖南路 1 号 A 楼
邮　　箱　yilin@yilin.com
网　　址　www.yilin.com
市场热线　025-86633278
排　　版　南京展望文化发展有限公司
印　　刷　江苏凤凰通达印刷有限公司
开　　本　635毫米 ×889 毫米　1/16
印　　张　16.5
插　　页　4
版　　次　2018 年 11 月第 1 版　2019 年 12 月第 2 次印刷
书　　号　ISBN 978-7-5447-7363-8
定　　价　39.00 元

序　言

周　宪

译林出版社的“牛津通识读本”是一套富有特色的书系，该书系的英文直译是“极短导引丛书”。该书系有几个突出的特点。其一是选题广泛，选择人类文明各个领域的诸多问题，由那些在该问题上有所造诣的知名学者操刀撰写；其二，篇幅比较短小，文字比较通俗，很适合这个信息爆炸时代的阅读取向；其三，风格各异，不同的问题和不同的作者写法各异，丰富多彩。自1995年以来已出版了500多种，有近50种其他语言的译本。

这本《现代主义》由牛津大学英文教授巴特勒撰写，他是现代主义文学和艺术运动的研究专家，曾于1994年由牛津大学出版社出版过一本现代主义研究专著《早期现代主义：欧洲的文学、音乐与绘画，1900—1916》。译林出版社的这本汉译《现代主义》是牛津大学出版社“极短导引丛书”中的译本，刊行于2010年。此前他还在这套书里撰写了《后现代主义》（2002），两本书可谓是姊妹篇，描绘了一个从现代主义到后现代主义的历史发展脉络。

现代主义作为一种文化现象，一百多年以来一直是一个人们热议的论题。从西方社会和文化的长时段来看，现代主义虽然只有一百多年的短暂历史，但它所导致的颠覆性的深刻断裂却是前所未有的。以至于有学者提出，现代主义运动不能用时间概念（如世纪）来度量，它是一种“灾变”。正因为如此，所以现代主义是一个说不尽的话题。

巴特勒的这本小书的写作风格有点独特，读来颇为轻松，却又令人印象深刻。虽只有四章构架，但他采取有总有分的写法，以两章篇幅讨论艺术品和艺术家，又用两章篇幅来解释现代主义运动与传统、政治的复杂关系。该书既有个案性的具体分析，聚焦于艺术家及艺术品，又有历史流变和当代背景的讨论。按照一些常见的说法，现代主义运动起于19世纪中叶，终于20世纪中叶。在这一个世纪的发展变化历史中，20世纪两次大战之间也许是现代主义戏剧最为精彩的一幕，通常称之为盛期现代主义。所以，巴特勒把焦点对准这一时段，实际上是他早期现代主义研究的续篇。他没有采取讨论现代主义运动的一般写法，而是把注意力放在“挑战我们对单个艺术作品的理解”上。

现代主义艺术是一个时代性的潮流，涉及从造型艺术到文学到戏剧和电影等诸多艺术门类，如何处理这诸多来自特别艺术门类的艺术作品，显然是一个棘手的难题。但是，现代主义艺术家们，无论是诗人、小说家或剧作家，还是画家、雕塑家或音乐家，他们共处一个时代背景中，彼此互动或相互影响，形成了一个复杂的跨界艺术运动。巴特勒努力尝试一种整体性的写法，将诗歌、小说、戏剧、绘画、雕塑等不同艺术作品置于一个复杂的关联网络之中，既聚焦于每个作品的特定风格，又描绘了一幅彼此关联的不同艺术家及其作品间的关系图谱。比如第一章，他从乔伊斯的小说《尤利西斯》入手，着力于其独特的技巧分析，然后归结于现代主义客体和新技巧的问题意识；接着再进入莱热的画作《城市》的解析，把造型、构图、透视等作为分析对象，引出高雅与低俗的二元文化结构问题；最后又转向布莱希特的戏剧《三便士的歌剧》的讨论，揭示了这部歌剧混杂的技巧构成和通俗特性，尤其是其对瓦格纳式的传统的有力颠覆。通过对三部来自不同艺术门类的作品的解析，并进一步关联一些其他作品，巴特勒楬櫫了现代主义的多元混乱的风格特性，以及充满变化的动态特点。然而，他更关心现代主义林林总总的风格技巧革新的深刻动因：

> 对于上文提到的三个作品来说，部分答案或许涉及文化比较、现代都市经验的相互冲突的同步性，以及戏仿带来的批判性距离。如果可以回答这样的问题，我们就朝着理解现代主义艺术迈进了一大步。我们尤其需要知道，这些技巧上的变化是如何被一种革命性的新思想，抑或一个艺术家观念结构的彻底变化所驱动的。在形式发现的过程中，该艺术家预期这些发现对某种具体的内容意义重大，这是支持其不断前行的动力。也就是说，它们会带来认知上的收获，因为我们在现代主义作品中看到的技巧性和实验性发展几乎全都源于艺术家智识假设的深刻转变。

巴特勒认为，个别艺术品及其关联所呈现的创新性，是与盛期现代主义的各种哲学、心理学、科学、文化观念和思潮密不可分的，那些耳熟能详的思想家及其理论，如尼采、柏格森、马里内蒂、弗雷泽、弗洛伊德、荣格、爱因斯坦等，为艺术家现代主义独特风格的创新提供了思想观念的有力支持。由此引发了现代主义艺术风格的革命性颠覆。

巴特勒不但关注现代主义风格背后的思想观念的作用，亦很关心现代主义作为一场文化运动的诸多特色。原本在各自狭小艺术圈子内部活动的艺术家们，在现代主义盛期往往采取合作形式，从而构成了一道独特的现代主义景观。一方面是同一门类的艺术家相互帮助，改变了以往彼此敌视、文人相轻的做派；另一方面，不同门类的艺术家跨界合作也蔚然成风，一如毕加索为斯特拉文斯基的音乐设计海报和舞美，纪德、普鲁斯特等作家与画家和音乐家交往甚密，互相影响。更有趣的是，包豪斯的创始人格罗皮乌斯大声呼吁，应该打破各门艺术家以及艺术家与工艺师之间的高低贵贱等级区分，鼓励所有艺术家通力合作，从而创造出这个时代新的艺术。他甚至不无夸张地写道："一切视觉艺术的最终目标都是完整的建筑！"其原因表面上看是建筑可以云集各类艺术家和工艺师，深层原因则在于一种现代性的艺术"普遍统一性"观念。格罗皮乌斯的说法令人想起德国音乐家瓦格纳的"总体艺术品"，以及他身体力行的音乐剧传统，将音乐、舞蹈、戏剧、舞台美术、文学等诸多艺术熔于一炉的冲动。这一独特的文化景观晚近成为现代主义研究的一个热点。照巴特勒的看法，"全都亲密无间，这让他们——乃至我们——感觉到一场'现代主义运动'已是大势所趋"。

作为现代性的产物，现代主义与西方的传统之间存在着巨大的断裂。这一点在盛期现代主义阶段尤为显著。许多艺术家虔信当下的艺术是指向未来的，因而带有强烈的乌托邦冲动，与过去彻底决裂成为现代主义运动的内在逻辑。告别传统最显著的标志，就是摒除古希腊以来模仿论一直到19世纪现实主义的传统，所以现代主义有一个整体性的大转向，即转向新的抽象风格，这在绘画中尤为显著。正像艺术批评家弗莱所言："这些艺术家……并不力图模仿形式，而是要创造形式；不模仿生活，而是要找到生活的对应物。……目的不在幻想，而在现实。"康定斯基、马列维奇、毕加索、莱热、蒙德里安等一大批画家，或是从表现主义之余绪汲取营养，或是从后期印象派尤其是塞尚的实践中获取灵感，形成了一个颠覆古希腊以来的古典模仿论模式。这一转向不仅体现在绘画的抽象指向，亦反映在各门艺术之中。从音乐中勋伯格的无调性音乐和十二音体系，戏剧中布莱希特史诗剧的陌生化效果，从波丘尼的抽象雕塑，到包豪斯的新建筑，从乔伊斯《尤利西斯》意识流小说的百科全书写法，到艾略特的伟大诗篇《荒原》，模仿论的传统被抛弃了，写实的或模仿性的艺术语言和表现方式被彻底颠覆了。在这个意义上说，现代主义与历史传统的断裂，乃是缔造一个前所未有的新传统。也许正是因为新传统的出现需要合法化，需要更加深入和激进的阐释，所以现代主义运动充满了各式各样的"宣言"，尽管它们观点殊异甚至彼此矛盾。巴特勒非常注意这一现象，他认为通过艺术运动及其观念表达的各种"宣言"，便可造就一种鲜明的集体自我意识。但这些"宣言"既真实又虚假，既有普遍性和代表性，又有排他性和激进性。现代主义运动是技术实践与观念更新彼此互动的产物，艺术从方法和技术的革新层面，日益转向观念和思想变革层面，反之，观念的变革亦反作用于艺术实践。顺着这个逻辑发展，从世纪初的抽象主义到后来的观念艺术、极简主义、装置艺术、地景艺术，其间的内在发展逻辑是显而易见的，最具代表性的作品恐怕就是杜尚别出心裁的《泉》。各式各样的主义伴随着各式各样的宣言，以自觉的和激进的运动之面目登上了现代主义艺术的大舞台，背后却是日益模糊以致消失的西方历史文化传统的背景，尽管激进运动过后不时伴有古典主义的回潮，但现代主义奔向未来的大势无可阻挡！

艺术无论多么富有创新性，无论风格多么奇特甚至怪异，它总是处在特定的社会语境中，与政治有着剪不断理还乱的关联。巴特勒的最后一章简略讨论了现代主义运动与政治的关系。毫无疑问，现代主义并不是一个统一的文化运动，其中包含了各种意识形态和政治立场，从左派到右派，从自由主义到与集权政权扯不清的关系，可谓形形色色无奇不有。值得注意的是巴特勒的一些颇有见地的发现。他认为，人们通常误认为现代主义带有显而易见的精英主义的倾向，其实不尽然。他在现代主义大潮中瞥见另一个往往被遮蔽的倾向，那就是现代主义的包容性和对话性。他特别指出了现代主义内部有两个传统，一个是黑格尔式马克思主义的进步观传统，它彰显于乌托邦的传统之中；另一个则是话语体制，从杂志到批评到新闻，总是存在着一种多元的、宽容的和对话的话语空间，正是这个空间的存在，确保了现代主义不会走向单一化和统一化，而是始终带有多元性和丰富性。这一发现也许在提醒我们，对现代主义运动切忌进行简单化的解释，其内在的复杂性和张力或许远远超出我们的预期。惟其如此，现代主义才是一个说不尽的话题。

2018年5月19日，于南京

目 录

第一章

现代主义作品

我们只能这样说，即在我们当今的文化体系中从事创作的诗人们的作品肯定是**费解的**。我们的文化体系包含极大的多样性和复杂性，这种多样性和复杂性在诗人精细的情感上起了作用，必然产生多样的和复杂的结果。诗人必须变得愈来愈无所不包，愈来愈隐晦，愈来愈间接，以便迫使语言就范，必要时甚至打乱语言的正常秩序来表达意义。①

T. S. 艾略特，《玄学派诗人》（1921年）

悲天悯人的烟囱风帽，
对着警官的天鹅绒帽子吱吱尖叫；
驴子和其他的纸鸟，

① 译文引自李赋宁译注：《艾略特文学论文集》，百花洲文艺出版社1994年版，第24—25页。——译者注。除特别说明外，本书脚注均为译者所加。

向猫儿吐露天诏。

J. C. 斯夸尔[①]戏仿T. S. 艾略特的一首四行诗

本书探讨的是1909—1939年期间，创新艺术作品中所融入的理念和技巧。从根本上说，这里讨论的不是“现代性”，也就是说，不是这一时期由于丧失了宗教信仰、对科学技术日益依
1 赖、资本主义带来的市场扩张和全面商品化、大众文化的发展及其影响、官僚作风侵入私人生活，以及两性关系的观念彻底改变等诸多现象而带来的压力和紧张。我们会看到，所有这些发展都对艺术产生了巨大影响，但这本书的主旨是挑战我们对单个艺术作品的理解。

艾略特思索的一些难题，或可帮助我们对艺术作品的现代主义性质管中窥豹；因此我准备选取一部小说、一幅绘画和一个音乐作品，探讨它们所揭示的、那个时期的艺术的本质是什么。（这三部作品全都围绕着现代性的一个重要方面：城市生活。）我将试图以它们为例，阐述创新的技巧与现代主义理念如何相互联系和影响。在此过程中，我们必须容忍一些棘手的诠释问题，因为这些作品全都以各具异趣的方式偏离了19世纪现实主义规范的常轨，而总的来说，我们至今仍然是依赖后者来理解这个世界的。但像《米德尔马契》和《安娜·卡列尼娜》这样的小说（即便它们关注的是有关妇女地位的新主张所引发的不安），如今看来也出自相对稳定的知识框架，由一位多少还算友善的、表达清晰易懂的、拥有道德权威的叙述者呈现给我们，他所创造

① 约翰·科林斯·斯夸尔（1884—1958），英国诗人、作家、历史学家，第一次世界大战后颇有影响力的文学编辑。

的是一个我们能够认知的、属于过去的世界。现代主义艺术则远为迂回——它会用艺术的规则重新编排世界，由此展现在我们眼前的，似乎已不再为我们所熟知。

《尤利西斯》

詹姆斯·乔伊斯的《尤利西斯》一书，开篇乍看之下来自现实主义世界；但表象会有欺骗性，小说越到后面，这一点就越突出，文风的偏离也越发明显，虽然从根本上说，它们都取自相当精确的史实。 2

> 神气十足、体态壮实的勃克·穆利根从楼梯口出现。他手里托着一钵冒泡的肥皂水，上面交叉放了一面镜子和一把剃须刀。他没系腰带，淡黄色浴衣被习习晨风吹得稍微向后蓬着。他把那只钵高高举起，吟诵道：
>
> ——我要走向上主的祭台。
>
> 他停下脚步，朝那昏暗的螺旋状楼梯下边瞥了一眼，粗声粗气地嚷道：
>
> ——上来，金赤！上来，你这胆怯的耶稣会士！[①]

这里最主要的现代主义技巧就是乔伊斯使用的典故，这些典故让我们感受到了文本内在的概念化或形式化结构。因此，正如休·肯纳[②]在其精彩导读中所提到的，在这本叙事堪与荷马的《奥德赛》相媲美的书中，头九个词戏仿了荷马式的六步

① 译文引自萧乾、文洁若译：《尤利西斯》，译林出版社2010年版，第3页。

② 休·肯纳（1923—2003），加拿大文学学者、批评家和教授。

格韵律；而在典故的平行世界里，穆利根手托的钵也是献祭的圣餐杯，上面“交叉”放置着他的剃须工具。他的淡黄色浴衣摹仿的是牧师金白色相间的法衣——那个时代，还没有关于其他颜色的法衣的规定。此外，“没系腰带”（为确保正派，牧师须在仪式上系好腰带，这里却没有）让他正面赤裸，私处显露在外，任柔风爱抚；他也对此心知肚明。而“吟诵”是故意为之；准备剃须时，他也在戏仿裸体牧师主持“黑弥撒”的情景。他说的那句话属于“天主教弥撒”中的“常规弥撒”，据称原句出自一位被流放的《诗篇》作者，这里引用的是圣哲罗姆根据希伯来语原文翻译的拉丁文版本：“我要走向上主的祭台。”因此，这是对引用的引用的引用，原句是受到迫害时喊出的希伯来求助语。

当然，初次阅读此书的读者并不会注意到这一切——或许
也不必如此——但整本书处处设置着这样的摹仿，让我们意识
3 到明显的结构平行。所以，肯纳还指出：

> 在这本关于布卢姆——书中的犹太男主角：现代的尤利西斯——的书中，第一句独白就是伪饰的希伯来语；重读之下，我们或许也会评价这么做是否恰当，并且还会注意到，正如罗马牧师扮演了《诗篇》作者的角色，那个时代的爱尔兰政治意识也在扮演着被俘的“选民”角色，而大不列颠就是它的巴比伦或埃及。

《尤利西斯》之所以是典型的现代主义作品，最起码是因为，它像《荒原》和《诗章》一样，是一部充满典故和百科全书式相

通性的作品，对城市生活内部的文化变革极为关注。就这部小说而言，乔伊斯使用这一技巧的收获之一，便是用神话和历史方式来组织叙事，也借此使用多样化的讽刺方式来比较不同的文化：爱尔兰人怎么就成了受迫害的“选民”？

很多这类技巧对我们理解一大批现代主义艺术都非常关键，我建议从以下两个维度来分析“现代主义客体”（无论是绘画、文本，还是音乐作品）：一个咄咄逼人的新理念和一种独创的技巧。对乔伊斯（以及艾略特和庞德，甚至还包括他们之前的弥尔顿和蒲柏）而言，因为在文本中使用了典故技巧，才使得文化比较和文化同步性的理念得以实现。

《城市》

在费尔南·莱热[1]的巨幅画作《城市》（*La Ville*，图1）中，我们不得不面对巴勃罗·毕加索和乔治·布拉克（后者的范例见图2）的立体派绘画的影响。1908年11月，艺术评论家路易·沃克塞尔将布拉克描述为“一个胆大包天的年轻人……［他］……轻视形式，简化一切，把地点、人物和房屋都简化成几何图案（*des schémas géometriques*），进而又简化成立方体”。这种“简化”是现代主义绘画日渐抽象的大趋势的一部分，在亨 4
利·马蒂斯[2]、胡安·格里斯[3]、瓦西里·康定斯基[4]、皮特·蒙德

① 费尔南·莱热（1881—1955），法国画家、雕塑家、电影导演。

② 亨利·马蒂斯（1869—1954），法国画家，野兽派的创始人及主要代表人物，也是一位雕塑家及版画家。

③ 胡安·格里斯（1887—1927），西班牙画家、雕塑家。

④ 瓦西里·康定斯基（1866—1944），俄罗斯画家、美术理论家。

图1　费尔南·莱热，《城市》(1919)。立体主义将我们对城市的各种认知拼贴在一起

里安[1]、胡安·米罗[2]和其他很多人的作品中均可看到这一点。这种趋势对于莱热等画家的部分影响在于，它使得几何图形或设计成为他们绘画的一个主要特征，因为从1906到1912年，立体派画家摧毁了三维透视的现实主义传统，这种传统自文艺复兴时期以来便一直是艺术界的主流。在立体主义绘画中，画家在同一个画面里通过一个以上的视角，将物体以截然对立的方式呈现出来，这就使得：

> 以线状网格或框架的方式构图，物体与其周边环境融

① 皮特·蒙德里安（1872—1944），荷兰画家，风格派运动幕后艺术家和非具象绘画的创始者之一。

② 胡安·米罗（1893—1983），西班牙画家、雕塑家、陶艺家、版画家，超现实主义的代表人物。

> 合在一起，在一个形象中把同一个物体的好几种视角结合起来，并在同一幅画作中综合使用抽象和具象元素。

在很多人看来，这是现代主义时代的重大艺术创新，自那以后的大多数绘画都受其影响，或以其为参照来定义自身。这极大地偏离了现实主义幻觉，在莱热的画作中，我们就可以看到这 5
种影响。柯克·瓦恩多[1]称之为“机器时代城市生活的乌托邦式布告牌”。我们可以看到，这幅画上有体现景深的透视元素，比如中间的楼梯，而它又与其左右的重叠平面相互抵触，或与它们互不协调。画面中有大梁、一根柱子、看上去像是海报的东西、可能是船上的烟囱，但它们无法组成一幅和谐的画面。它们以看似具象的形状构成了一幅彼此重叠的拼贴画。“本应”被看作近景或远景因而相对比例应全然不同的事物，并未按比例呈现出来（例如桶形的人物）。这幅画中的物体不是根据传统的具象方法来安排的，但都被艺术家同时并置在画作的一个平面中。莱热排列了多个有城市特征但在几何形状上迥异的元素，来进行抽象的设计。（在同一时代的纪尧姆·阿波利奈尔[2]和T. S. 艾略特的诗歌中可以看到非常相似的艺术手法，即对比并置而非逻辑关联。）很多立体派画家使用常见的道具（酒杯、活页乐谱、报纸等）作为其绘画的基础，因此，人们很容易认为《城市》也在戏仿城市大型广告海报的效果（所以，詹姆斯·罗森奎斯特[3]的波普艺术表现方式就是对莱热这一方面的继承）。

① 柯克·瓦恩多（1946—2003），美国艺术史家。

② 纪尧姆·阿波利奈尔（1880—1918），法国诗人、剧作家、艺术评论家。

③ 詹姆斯·罗森奎斯特（1933— ），美国艺术家，波普艺术运动的主角之一。

图2　乔治·布拉克，《圣心堂》（*Le Sacre Coeur*, 1910）。此画与该建筑有着彼此抗衡的几何结构

文化的两个方面，即“高雅”的形式主义和“低俗”的大众内容再一次狭路相逢，这种互动对现代主义而言至关重要。莱热的作品之所以属于现代派，是因为它以全新的组织原则，为绘画开拓出一种全新的语言或语法。画中元素的组合方式与现实主义传统截然不同。画中各个部分的相似性留待我们去探索，但这同样有赖于我们学会欣赏现代主义的抽象模式，也取决于它们以何种方式圆满地组合成一幅图案。 7

《三便士歌剧》

并非所有的现代主义作品都带有如此显著的实验色彩。我在音乐领域所举的示例表面看来要浅白易懂得多——的确，其形式基本上是通俗的，处处是当代舞蹈旋律，偶尔夹杂些现代主义的“错误音符”。《三便士歌剧》（*The Threepenny Opera*）是库尔特·魏尔[①]为贝托尔特·布莱希特[②]的文本创作的，通过使用通俗（但在这里是原创）的乐调，继承了约翰·盖伊[③]的风格，使得这部歌剧更接近于歌舞表演，而不是威尔第或瓦格纳。布莱希特笔下那些维多利亚时代后期伦敦苏豪区的骗子、乞丐和银行家们与盖伊独创的《叫花子歌剧》中的恶棍们齐头并进，并形成了持久的鲜明对照。在盖伊的原剧中，皮丘姆是个收受赃物之人；布莱希特则在戏中安排了一个职业乞丐团伙。音乐程式往往是对早期风格的戏仿，因而典故再度成

① 库尔特·魏尔（1900—1950），德国作曲家，1920年代活跃于德国，晚年在美国创作。

② 贝托尔特·布莱希特（1898—1956），德国戏剧家、诗人。

③ 约翰·盖伊（1685—1732），英国诗人、剧作家，以民谣剧《叫花子歌剧》传世。

为主角，例如在序曲中就不乏亨德尔①式的时刻，并一度尝试模仿赋格曲。这种风格上的不稳定有一个重要的功能：应当是让我们更难以像在早期的歌剧中那样，始终充满同情地沉浸在角色中不能自拔，因此：

> 在歌唱的时候，主唱者"采取各种态度"，而不是把他们的真实性格或情感告诉我们，严格说来，他们并不拥有，至少不拥有任何传统意义上的真实性格或情感。言语和音乐之间的关系变得支离破碎、模棱两可，这是有意为之；言语说的是一件事，而音乐表达的却是别的东西。

戏中还有一个舞台旁白，以超脱的"史诗"语调来叙述事件。（在1928年的剧本中——布莱希特认为那是新式"史诗剧场"的一次成功实验——他鼓励制作人把串场旁白文本投射到屏幕上。）如我们所见，这是对那些疏离或"间离"技巧的
8 早期使用，那些技巧对布莱希特政治戏剧的后来发展至关重要。这里明显属于现代主义的特征是对感同身受和沉浸其中的"中产阶级"观念的敌视，那些观念与传统的现实主义相伴相随［例如普契尼的"写实主义"（*verisma*），或是歌剧《玫瑰骑士》（*Der Rosenkavlier*）的情节，尽管后者与维也纳华尔兹也有着近乎戏仿的关系］。因此，布莱希特发明的各式解放、批评和疏离效果的用意并不在于帮助观众去"消费"作品，而是退后一步，反思故事中人物的政治意义，不是要去认同他们

---

① 乔治·弗里德里克·亨德尔（1685—1759），巴洛克音乐作曲家，创作作品类型有歌剧、神剧、颂歌及管风琴协奏曲，著名作品为《弥赛亚》。

作为个人的情感，并从中获取力量。在最后一场现场执法的最初版本中，小刀麦基（即“麦基斯”）走出自己的角色，与后台的“作者”的声音争论，辩称这出戏不需要以他被绞死作为结局。

和很多现代派艺术一样，这部戏也通过戏仿过去而与过去拉开了距离。与小刀麦基相关的“谋杀”主题是对瓦格纳赋予剧中人物以主题旋律的粗糙模仿。皮条客的感伤民谣以及麦基与波莉滑稽的爱情二重奏都风格怪异。《三便士歌剧》与表现派的个人主义相左，同时还是反浪漫主义的。正如魏尔在1929年接受采访时，带着左翼人士典型的“曾经沧海难为水”的腔调所说的那样：“这种音乐是对瓦格纳最彻底的反动。它象征着音乐剧概念的彻底毁灭。”而费利克斯·扎尔滕[①]（在回顾1929年的维也纳演出时）说，剧中的音乐“像它的诗句一样充满震撼的旋律，像那些流行歌谣一样刻意而扬扬自得地琐碎和频用典故，像它用爵士乐手法耍弄乐器一样诙谐，又像它的剧本一样紧跟时代，意气风发，充满情绪和攻击性”。

风格变化

这些作品直指各个不同的方向，用它们来为“现代主义”设置严格的边界或为之确立“定义”，难免会引发误解。现代主义包罗万象，这种多元和混乱在当时便显而易见，从当时加 9
诸艺术新作上的那些前后矛盾的定义和阐释策略上就可见一斑。例如，当与艾兹拉·庞德共同倡导所谓“意象派”诗歌的F. S.

---

① 费利克斯·扎尔滕（1869—1945），奥地利作家、评论家。他最著名的作品是《小鹿斑比》。

弗林特[1]在伦敦的莱斯特广场帝国剧院看到《游行》(*Parade*, 1917)——这部舞剧把埃里克·萨蒂[2]采自流行音乐的乐谱与毕加索设计的立体主义服装结合起来,并由让·谷克多[3]操刀完成了荒诞无稽的剧本——时,不禁问道:

> 怎样的词句才能形容它?立体-未来主义?自然自由体?造型爵士风?花哨怪异派?全都没有切中要害。节目单几乎根本没用。上面只写到故事的时间是18世纪,主题是几波杂耍艺人企图引诱观众进入自己的马戏棚看戏而未果。但当你看到伪装成摩天大楼的"美国经理"、被当成另一个建筑笑话的"经理",以及众位"马戏团经理"跌作一团、撞上前所未见的哑剧滑稽马时,就不禁开始怀疑,节目单中对这出新上演的芭蕾舞剧的分析不过是马辛先生的又一出玩笑。马辛先生扮演的华人魔术师很容易辨认,卡尔萨温娜女士扮演的荒唐的美国小孩也一样,她穿着水手服,头上戴着一个巨大的白色蝴蝶结,这副装束不是18世纪的,而是20世纪的:此外也没人会认不出身穿蓝色紧身衣的杂技演员是涅齐诺娃小姐和兹韦列夫先生。

到此时(1919年11月),弗林特以及其他每个人都能看出,由于1900—1916年盛极一时的技术变革,当代艺术中出现了很

① 弗兰克·斯图尔特·弗林特(1885—1960),英国诗人、翻译家。
② 埃里克·萨蒂(1866—1925),法国作曲家,20世纪法国前卫音乐的先声。
③ 让·谷克多(1889—1963),法国诗人、小说家、剧作家、设计师、编剧和导演。

多新的风格和技巧。在绘画领域，在高更和文森特·梵高之后出现的野兽派画家彻底放弃了局部色彩，因而树木竟可以是蓝色的；立体派画家抛弃了单点透视；康定斯基已经朝着抽象绘画发展，其所呈现的看起来全然不是真实世界的物体。乔伊斯的《尤利西斯》已经写到最具实验性的章节，使用了各种大相径庭的风格，“埃俄罗斯”一章用尽了修辞学书籍中的所有修辞手法，“塞壬”一章使用了语素和句法的音乐变形，“公牛”一章戏 10
仿了从盎格鲁-撒克逊时代到现代美国的各种散文文体，“瑙西卡”一章戏仿通俗小说，而在“喀耳刻”[1]一章中，达达派、表现派和超现实幻想等艺术派别的几乎每一种形式都有所体现。阿诺德·勋伯格[2]及其拥趸创造了一种无调性音乐，这种音乐很像立体派绘画，拒绝参照调性中心音来协调作品，在作曲中一统天下数世纪的和弦关系体系被束之高阁，声音之间的一种新的自由结合问世了。伊戈尔·斯特拉文斯基[3]在《春之祭》（*Sacre du printemps*，1913）中创造了前所未闻、极不规则的韵律结构，纪尧姆·阿波利奈尔和布莱兹·桑德拉尔[4]、埃兹拉·庞德和T. S. 艾略特、奥古斯特·施特拉姆[5]和菲利波·托马索·马里内蒂[6]的诗歌实验则把叙事和意象的碎片拼贴、连缀起来，省去了很多此前为读者条理分明地讲故事所使用的语法和逻辑连

① “埃俄罗斯”、“塞壬”、“公牛”、“瑙西卡”和“喀耳刻”各章在中文版中对应的分别是第七章、第十一章、第十四章、第十三章和第十五章。下同。

② 阿诺德·勋伯格（1874—1951），奥地利作曲家、音乐教育家、音乐理论家。

③ 伊戈尔·费奥多罗维奇·斯特拉文斯基（1882—1971），俄国-法国-美国作曲家、钢琴家及指挥家。

④ 布莱兹·桑德拉尔（1887—1961），瑞士裔法国小说家、诗人。

⑤ 奥古斯特·施特拉姆（1874—1915），德国诗人、剧作家，表现派的先驱者之一。

⑥ 菲利波·托马索·马里内蒂（1876—1944），意大利诗人、作家、剧作家、编辑，20世纪初未来主义运动的带头人。

接词。

在每一个艺术门类中，这一切都导致了一种风格变化，这是现代主义时期的主旨。毕加索就是这方面的经典代表人物，他从其他人那里借鉴了大量风格元素。在早期艺术生涯，他从早年间模仿印象派起步，经过“蓝色时期”，继而成为立体派，后又成为新古典主义画家。他的成长并非直线式的，而是不断累积和重叠：像乔伊斯、斯特拉文斯基和艾略特一样，他也有很多可资使用的表达风格。对这些现代派而言，过往的艺术经典随时可以拿来重新诠释、效法，甚至戏仿或混搭。“我觉得艺术无所谓过去和未来，”毕加索说，归根到底，是这些艺术家的个性维系着一切（也正因为此，虽然艾略特鼓吹“无个性”，《荒原》中的引用语大杂烩仍可被看作性欲告白，恰如毕加索在女人的身体上创造出那么多光怪陆离的变形）。

“如果我想表达的主题需要不同的表达方式，我会立即采用它们，从不犹豫。”毕加索如是说。这种对于风格的现代主义选
11 择并非缺乏稳定的标志，而是体现出自由的一面。风格的多样化正是艺术中的自由民主——而且我们会看到，正是苏维埃和纳粹的独裁政权才要求公然反对现代派，在艺术领域退回到官方大一统的现实主义风格。

技巧与思想

但这样一来，一个不可避免的问题就是，这一技巧实验的意义何在？它想要表达什么观点？对于上文提到的三个作品来说，部分答案或许涉及文化比较、现代都市经验的相互冲突的同步性，以及戏仿带来的批判性距离。如果可以回答这样的问

题，我们就朝着理解现代主义艺术迈进了一大步。我们尤其需要知道，这些技巧上的变化是如何被一种革命性的新思想，抑或一个艺术家观念结构的彻底变化所驱动的。在形式发现的过程中，该艺术家预期这些发现对某种具体的内容意义重大，这是支持其不断前行的动力。也就是说，它们会带来认知上的收获，因为我们在现代主义作品中看到的技巧性和实验性发展几乎全都源于艺术家智识假设的深刻转变。正是人们头脑中的思想，例如现代派从弗里德里希·尼采、亨利·柏格森[①]、菲利波·托马索·马里内蒂、詹姆斯·弗雷泽[②]、西格蒙德·弗洛伊德、卡尔·荣格、卡尔·爱因斯坦[③]等权威那里汲取的有关自身、神话、无意识和性别身份的思想，才引发了文化革命。思想——使用跨文化典故，或寻求类科学的分析模式的思想——推动了艺术技巧的革新。这些突破顾名思义都是“进步”的，因为一旦掌握了技巧（或是勉强能够模仿它，就像立体派的小角色阿尔伯特·格莱兹[④]和让·梅青格尔[⑤]那样），就可以实现前所未有的自我颠覆了。

因此，最有影响力的现代主义作品提供了堪为范式的程序，其继而可被用于往往截然不同的各种目的，作为大体上属于进步的现代主义运动的一部分，侧重于“新”。这样说来，《城市》 12

① 亨利·柏格森（1859—1941），法国哲学家，1927年诺贝尔文学奖得主。

② 詹姆斯·弗雷泽（1854—1941），英国社会人类学家，神话学和比较宗教学的先驱。

③ 卡尔·爱因斯坦（1885—1940），影响广泛的犹太裔德国作家、艺术史学者、无政府主义者和批评家。

④ 阿尔伯特·格莱兹（1881—1952），法国立体派艺术家、独立艺术家协会成员、黄金分割画派的创始人之一。

⑤ 让·梅青格尔（1883—1956），20世纪法国重要画家、理论家、作家、评论家和诗人。

就发展出立体派的范式，以及这样一种思想观念，即城市像一份日报一样（如未来派画家马里内蒂所说），是各类事件同步发生的现场，我们只能将其并置排列，别无选择。弗吉尼亚·伍尔夫虽然并不十分认可《尤利西斯》的道德基调，却在她的《达洛维夫人》（*Mrs Dalloway*，1927）中延续了这种范式；该作品也在24小时里追随了主人公的意识流，这位主人公也生活在大城市里，作者使用了中心拓扑点和时间点来引导人物和读者（乔伊斯笔下的纳尔逊纪念柱在伍尔夫这里变成了大本钟），而且她的故事情节也基于形成鲜明比照的一对老人和年轻人姗姗来迟的精神遭遇。

那么，为了理解一种创新，就需要理解艺术家或科学家使用的思维模式。我们可以问问马塞尔·普鲁斯特或T. S. 艾略特，或詹姆斯·乔伊斯或弗吉尼亚·伍尔夫，是不是就记忆以及思想或自我的本质做出过柏格森式的假设，也可以问问《厄勒克特拉》（*Elektra*）中的理查德·施特劳斯[1]或《期待》（*Erwartung*）中的阿诺德·勋伯格有多么“弗洛伊德”。然而，为了彰显历史说服力，也就是为了表明他或她对于自己的评论当代性（contemporaneity）之重要意义有所感知，创新的艺术家还需要有证据表明该思想得到了传播，且激发人们对传统方法和观念展开令人不安的分析。因此，《三便士歌剧》以及布莱希特的后期作品提供了一种对个体人物的全新“疏离”视角，借此尝试鼓励人们对阶级关系采取一种反资本主义的马克思主义视角。为对各个艺术时期的特征进行描述，这种

① 理查德·施特劳斯（1864—1949），德国作曲家、指挥家。

对过去所发生之事的创新的对立感至关重要，因为它有助于我们突出强调所涉及的主要心理状态和感情发生了怎样的变化，因此我会在下一章转而讨论现代主义运动及其与文化传 13
统的关系。

第二章

现代主义运动与文化传统

我认为艾略特的《荒原》证明了自1900年以来，我们的“运动”和我们的现代尝试是正确的。

埃兹拉·庞德，致费利克斯·谢林[1]的信件，1922年7月

这里的艺术气氛只能支持最新潮、最现代、最前卫的东西，什么达达主义啦，马戏啦，杂耍、爵士乐、忙碌步伐、电影、美国、飞机和汽车啦。此间人士满脑子想的都是这类词汇。

奥斯卡·施莱默[2]1925年谈包豪斯学校从魏玛迁至德绍

① 费利克斯·谢林（1858—1945），美国教育家，美国艺术暨文学学会、美国哲学会和美国现代语言学会会员。

② 奥斯卡·施莱默（1888—1943），德国画家、雕塑家、设计师和舞蹈编导。

现代主义合作

纵横古今，伟大的艺术家往往知己知彼：他们的合作（或
竞争，比如巴勃罗·毕加索和亨利·马蒂斯）来自一种对“时
下热点”的感知。这种感知可能远超对发表过明确宣言的艺
术运动的认识。克洛德·德彪西或许是聆听《春之祭》的第一
人，他坐在钢琴前，跟它的作曲家一起弹奏了整部曲子，但后者
同时又是莫里斯·拉威尔[1]、埃里克·萨蒂、让·谷克多、安德
烈·纪德[2]、保罗·克洛岱尔[3]和保罗·瓦勒里[4]、巴勃罗·毕加
索、费尔南·莱热，以及安德烈·德兰[5]的朋友。和斯特拉文
斯基一样，毕加索也对所有艺术领域的巴黎前卫派了如指掌， 14
这才为斯特拉文斯基的《拉格泰姆》（*Ragtime*）设计了别出心
裁的封面（经由布莱兹·桑德拉尔推荐给海妖出版社而得以
问世），为谢尔盖·达基列夫[6]出品、萨蒂创作的《游行》设计
了服装和布景。关于艺术的进步，从传记中了解到的信息往往
比评论家的声明或宣传要多得多。正是斯特拉文斯基、拉威
尔、萨蒂、莱昂·巴克斯特[7]、亚历山大·班耐瓦[8]、马蒂斯、毕
加索、谷克多和纪德等人与达基列夫的俄罗斯芭蕾舞团中其

---

① 莫里斯·拉威尔（1875—1937），法国作曲家和钢琴家。

② 安德烈·纪德（1869—1951），法国作家，1947年诺贝尔文学奖得主。

③ 保罗·克洛岱尔（1868—1955），法国诗人、剧作家、散文家、外交官。

④ 保罗·瓦勒里（1871—1945），法国作家、诗人，法兰西学术院院士。

⑤ 安德烈·德兰（1880—1954），法国画家，20世纪初期艺术革命的先驱之一。

⑥ 谢尔盖·达基列夫（1872—1929），俄罗斯艺术评论家、赞助人和俄罗斯芭蕾舞团之创始人。

⑦ 莱昂·巴克斯特（1866—1924），俄罗斯画家暨场景、服装设计师。

⑧ 亚历山大·班耐瓦（1870—1960），俄罗斯艺术家、艺术评论家、历史学家、文物保护者、艺术运动和杂志《世界艺术》的创始人。

他很多人之间在实践中精彩互动，才有了像《春之祭》和《游行》这样明显前卫的作品，以及在观念上更加传统但在风格上已属现代主义的作品，例如根据舒曼的作品改编的《狂欢节》（*Carnival*），以及弗朗西斯·普朗克[①]的芭蕾音乐组曲《牝鹿》（*Les Biches*）。俄罗斯芭蕾舞团是首屈一指的现代主义团体，相当一部分原因是达基列夫具备让前卫艺术家精诚合作的独特能力。

艺术家之间的这种合作，像桥社[②]的表现派画家（埃恩斯特·路德维希·基希纳、埃里克·赫克尔、马克斯·佩希施泰因等人）之间的合作，抑或勋伯格与阿尔班·贝尔格[③]和安东·韦伯恩[④]的合作，全都亲密无间；这让他们——乃至我们——感觉到一场“现代主义运动”已是大势所趋，就像庞德和艾略特读到乔伊斯的《尤利西斯》前几章的打字稿，便意识到可以通过使用典故把过去和现在并列起来——随后便写下了《诗章》、《小老头》和《荒原》初稿。艾略特在《传统与个人才能》（1919）中主张作者自觉意识到“从荷马开始的全部欧洲文学，以及在这个大范围中他自己国家的全部文学，构成一个同时存在的整体，组成一个同时存在的体系”，[⑤]这可以解读为对当时三位作家的作品的理论说明。然而，推断艺术的初衷往往是我们的事，因为伟大的现代主义者并不总会解释自己或撰写宣言。毕加索和布拉克

① 弗朗西斯·普朗克（1899—1963），法国钢琴家、作曲家。

② 德国表现主义的一个艺术组织，1905年成立于德累斯顿工业大学。

③ 阿尔班·贝尔格（1885—1935），奥地利作曲家，是与勋伯格、韦伯恩齐名的第二维也纳乐派代表人物。

④ 安东·韦伯恩（1883—1945），奥地利作曲家，第二维也纳乐派代表人物。

⑤ 译文引自李赋宁译注：《艾略特文学论文集》，百花洲文艺出版社1994年版，第2页。

创造了立体主义，却没有解释过一个字。他们只是观看和讨论彼此在画室中的实践，而我们只能推论在1907—1915年期间，他 15
们从“分析式”立体主义到包容性更强的“综合性”立体主义的“进步”，前者主要涉及从多种视角对物体进行相当崎岖粗犷的几何变形，使用的是一种单色画法，几乎看不出物体的局部色彩（因而一幅头部肖像看上去可能很像嶙峋的风景），而后者使用了更多的色彩和更扁平的几何形状，看上去像是在画布表面对元素加以拼贴。

就连自我意识更强、政治上更为激进的艺术挑衅形式，比如很多（关于绘画、音乐、性欲，诸如此类的）“未来主义宣言”，也往往不过是将艺术与观念就事论事地结合起来而已。另一方面，未来主义和达达主义艺术家们都是典型的偏爱在一个夸夸其谈的理论框架内工作的人，通过传播革命性思想观念，声称自己是“先锋派”。其他宣言的撰写则更偏重于技巧，就像庞德请F. S. 弗林特为意象派诗歌撰写的那份宣言，鼓吹“直接表现‘事物’，无论主观还是客观事物”，以“音乐片段的序列”来进行诗歌创作，如此这般。

进步的概念——艺术与抽象

对于处在知识巨变时期的现代主义艺术运动而言，这类观念极其重要。因此，关于艺术的“必要”演变的思想成为整个现代主义运动的一个重要组成部分，也就不足为奇了。这意味着批评性解释与宣言同样必不可少。这种需要解释的现代主义变革的一个典范是抽象在绘画中的发展，它摧毁了19世纪的现实主义传统，所创作的现代主义艺术彻底背离了屈从地清晰复制

现实世界的目的，即便这种复制神乎其技。因此，它坚信观者须对艺术作品本身的规律有所了解，从而引发了作品对现实世界
16 的更为间接的影射关系。

最重要的发展有两个。第一个是前文中已经提到的，即绘画摆脱了表现“真实的”局部色彩的束缚，使得纯色便可产生自身的情感效果，如晚期的梵高，以及马蒂斯的作品。这对康定斯基尤其重要，对他而言：

> 朱红色诱人而刺激，像是一团火焰，吸引着人用贪婪的目光紧盯着不放。明亮的柠檬黄须臾后会引发疼痛，就像喇叭的高音会刺痛耳膜。眼睛受到刺激，无法长时间忍受这种效果，便转而在蓝色或绿色中寻找内心的平静。

随之而来的发展意义更为重大：艺术家们越来越强烈地认识到在绘画过程中简化物体的重要性。德斯蒙德·麦卡锡[①]在其为1910年伦敦后印象派画展的目录所写的序言中对此做出了解释，其中借用了音乐的隐喻（近乎言之凿凿地表明绘画与音乐一样，有其“自己的”语言）。他说：

> 如此尽心竭力地追求线条的抽象和谐，追求节奏，往往使得图形脱离了世间万物的本来面目。他[马蒂斯]的画作的总体效果是回归原始艺术，甚或是回归野蛮艺术……原始艺术像孩童的艺术一样，与其说企图表现眼见之物，毋

---

① 德斯蒙德·麦卡锡（1877—1952），英国文学评论家、记者，知识分子的秘密社团“剑桥使徒”的成员。

宁说力图通过单一线条来描绘该物体的精神概念。

这两种方法都捍卫了艺术作品的自主性，因为有了这一点，我们就被迫考察作品本身，而不只是将其看作对现实的反映。色彩一旦摆脱了表现局部具象这种属性的束缚，即可被“调和”——如马蒂斯所说——从而创造出一种音乐效果：

> 我在所有这些色调中发现的关系必然会产生色彩间持续鲜活的调和，这种调和堪比音乐作品的和声。 17

罗杰·弗莱[①]就这些问题与保守的大众对峙，并试图在1912年第二次后印象派画展中通过引介一种新的批评语汇，来解释这种新艺术的优点：

> 因此，这些艺术家并不力图映射现实的外观，归根结底那只能是苍白的映射，而是激发人们去相信一种明确存在的新现实。他们并不力图模仿形式，而是要创造形式；不模仿生活，而是要找到生活的对应物。我的意思是，他们希望自己创作的映象能够凭借清晰的逻辑结构，凭借严密统一的质感，凭借生动鲜活的特质，激发我们公正客观而深思熟虑的想象力，恰如现实生活中有血有肉的事物能够引发我们的实践活动。实际上，它们的目的不在幻想，而在现实。

① 罗杰·弗莱（1866—1934），英国画家、评论家，布卢姆茨伯里派成员。

这段话强调了我们如此这般地思考这类艺术作品，并且至关重要：我们体验到“这一画派的所有艺术家所独有的、在设计上追求装饰效果的统一性”。特别是马蒂斯，“致力于通过他富有韵律的线条的连续性和流动性，通过他的空间关系的逻辑，以及最重要的，通过他对色彩的全新运用，让我们对他的形式心服口服”。

对此，我们可以在精彩的画作《谈话》（*La Conversation*）中窥见一斑，此画创作于1909—1912年，并在1912年第二次伦敦后印象派画展中展出（见图3）。这幅画作中蓝色、红色和绿色的色彩调和十分醒目。对房间和花园使用的色彩之间存在着强烈的情感反差：房间里是偏冷的蓝色和黑色，而外面却是偏暖的绿色和红色。树木和花坛在形状上也呼应了谈话中的这对夫妻。但这很难说是顺畅的谈话——马蒂斯和他太太阿梅莉的身形如僧侣般僵硬；他们的姿态取自马蒂斯在卢浮宫里看到的一块石碑，碑上描绘的是汉谟拉比站在安坐的女神沙玛什面前。阿梅莉看来是在发号施令，而她得到的答案很可能就
18 是我们在阳台的铁艺栏杆上看到的“NON”（“不”）。但这幅画之所以符合弗莱及其同行所描述的抽象，乃在于对画面图形的简化、对精心设计之平衡的意识，以及对局部细节的漠不关心。弗莱指出：

> 这种方法在逻辑上推至极端，无疑便是试图放弃一切与自然形式的相似性，创造出一种纯粹抽象的形式语言——一种视觉的音乐；毕加索的后期作品便足够清楚地体现了这一点。

图3 亨利·马蒂斯,《谈话》(1909—1912)。绘画中采用的抽象手法极为老道,乍看之下像是纯粹孩子气的涂鸦

在这一时期,弗莱只在伦敦看过康定斯基早期的一些作品,但他基于抽象绘画的效果会越来越像音乐效果这一假设而做出的关于进步主义的抽象的预言,却在康定斯基这里得到了证实,后者早期作品中用城堡、高塔、鱼叉和小船构建的末日般的象征主义变得越来越难以辨认。这里复制的画作 19
(图4)来自1915—1921年这段时期,当时康定斯基转向了纯粹生物形态的形式,并继而(在包豪斯学校)转向了几何抽象。在《黑点》(*Schwarzer Fleck*)中,我可以看到一个形似大蛇的东西,也许是一条带桨的小船,位于康定斯基经常画的位置,即左下部;就在“船”的上部,或许还可以看出一对斜

图4　瓦西里·康定斯基,《黑点》(1921)。画中的生物形态抽象,不再是自然主义描绘,而是转向了虚构的物体

倚的夫妇的大致轮廓,这是他常用的主题。但这或许只是我
20 们的想象:色彩,以及形状之间的动态关系,才是重点所在。和我一样,在看到这一时期的画作时,叶连娜·霍尔-科克也觉得很难回答这个问题:“到底是在什么时候,康定斯基才开始把完全自由的、与自然或任何其他眼熟的物品毫无相似之

处的全新视觉元素引入画中的？”但毫无疑问，终极目标是更大程度的抽象。在康定斯基1910—1939年间创作的十幅惊人的“构成”（Compositions）作品系列中，这一点最为引人注目。

关于抽象的观念以全欧洲的各种语言不断重复，试图表明现代主义艺术家“愈来愈”致力于放弃照相机般的酷似现实，仿佛他们的目标都是通过不断做减法来变得越来越“抽象”；然而正如我们所见，他们使用的方法却大相径庭（皮特·蒙德里安曾遗憾地认为，毕加索根本未曾真正领会抽象）。

艺术的新语言

这种现代主义的进步被解释为对此前艺术的发展和修正——这样一来，与一种早期的、更加明白易懂的艺术之间的联系便显而易见了。然而，那些改变了艺术语言本身的艺术家才是更为激进的一群人。现代主义早期的英雄人物——毕加索、乔伊斯、康定斯基、勋伯格、斯特拉文斯基、庞德、艾略特、阿波利奈尔、马里内蒂——在各自的艺术领域都曾扮演过这样的角色。毕加索创作了《亚维农的少女》（*Demoiselles d'Avignon*，1907），画中那些丑陋裸体表情痛苦、情绪紧张，其中一些人的脸看上去像是伊比利亚的面具，另一些人的脸则如梅毒患者般严重变形。乔伊斯创作的《一个青年艺术家的画像》（*A Portrait of the Artist*，1914）的开篇，精彩呈现了一个小孩子的视觉感受和意识流。勋伯格创作的《第二弦乐四重奏》（*Second String Quartet*，1908），在最后一个乐章中加入了人声，人声不断升高，令一部没有调性中心音可参照的音乐“气

21 象一新”。斯特拉文斯基创作了《春之祭》（1913），那一股原始的野性在当时是明显的不和谐音，旋律变化是前所未有的，在“大地之舞”乐章的最后高潮部分出现了狂乱，一位献祭的少女舞蹈至死。

阿波利奈尔、桑德拉尔、庞德、艾略特、戈特弗里德·贝恩[①]、雅各布·范·霍迪斯[②]、奥古斯特·施特拉姆等诗人无逻辑的自由联想，同样挑战了理性秩序的语言本身及其与社会依从性有关的方面。“我们走吧。”艾略特笔下的普鲁弗洛克说道，于是我们便从波士顿肮脏不堪的街道出发，像这首诗本身一样，那些街道或许也通向一个“压倒一切的问题”。然而在一首包含有至少15个问题的诗中，很难确定哪一个才是压倒一切的问题，因为它们看起来都会让普鲁弗洛克窘迫不堪。这首诗的创新之处不仅在于它范围和数量惊人的典故，引用了但丁、拉福格[③]、赫西俄德、《传道书》、马弗尔[④]、施洗者约翰等，也不仅在于它戏仿了莎士比亚和斯温伯恩[⑤]等很多人的风格，而且在于它在段落间留下了许多空白，创造了我们至今仍未完成的前所未有的工作；它的段落遵循着联想而非叙述逻辑，甚至连心理上连贯的秩序感都不存在，那些空白同时也是难以逾越的观念鸿沟。普鲁弗洛克真的在直面宇宙的奥秘，还是他只是个耽于幻想的迂腐文人，不敢去茶会向某位迷人

---

① 戈特弗里德·贝恩（1886—1956），德国诗人，作品具有强烈的表现主义色彩。

② 雅各布·范·霍迪斯（1887—1942），犹太裔德国表现主义诗人汉斯·达维德松的笔名。

③ 朱尔·拉福格（1860—1887），法国-乌拉圭诗人，通常被看作象征主义诗人。

④ 安德鲁·马弗尔（1621—1678），英国玄学派诗人、讽刺诗人和政治家。

⑤ 阿尔杰农·查尔斯·斯温伯恩（1837—1909），英国诗人、剧作家、小说家、批评家。

的女性求爱？跟众多的现代主义艺术作品一样，这里也需要由读者、观众或听者来考察一个碎片与下一个碎片乃至其后许多碎片之间的关联，探究和领悟与此前的艺术全然不同乃至背道而驰的逻辑；一百年过去了，这对我们仍不啻是一项挑战。

在有些艺术家的概念里，如此殚精竭虑地追求一种脱胎换骨且毫不妥协的艺术作品编排方式是他们的基本使命：比如说那些追随勋伯格超越《第二弦乐四重奏》和《月光小丑》（*Pierrot Lunaire*）的渐进式无调性，发展出新的十二音列音乐的规律的艺术家就是如此。的确，那些旨在彻底改变范式的先锋派同样也希望被写进不断发展的《艺术史》中，勋伯格就是这方面的极佳典范。因此，勋伯格抨击了那些在他（略有夸张地）看 22
来为德国音乐“立法”的过去的“原理”或“法则”，但随即又出台了一些自己的法则；1921年夏，他跟弟子约瑟夫·鲁费尔说他“有了一些发现，德国音乐的至尊地位借此可以再续100年”。1924年，勋伯格的弟子欧文·斯坦在题为《新形式原则》（*Neue Formprinzipien*）的文章中，首次向世人解释了他的“十二音列”新体系的特点。笼统地说，一部作品的乐章必须从某一“列”音符开始写起，也就是使用了半音音阶全部12个音调的“基础音符集”，其在整部作品的顺序固定不变。音列的顺序可以反行、逆行或逆行反行，且可以从这12个音符的任何一个开始。（这就是说，作曲家在音乐创作中可以随意使用48种音列变形，但这种技法也有大量的约束条件。）

勋伯格作于1924年的《管乐五重奏》作品第26号是完全根据此法谱写的第一个大部头作品。（多年后的1952年，斯特拉文斯基在自己“皈依”一种准序列作曲法的那段时期，潜心研究的正是这部作品。）十二音音乐看起来很像一种几何构图的模块法——其遵循一系列规则，这些规则很可能会泯灭任何个性化的表现力——并且在勋伯格看来，这一规范是客观而科学的：他声称，他的实验发现了音调的“非毕达哥拉斯”组合，从而揭示了声音之间关系的真正本质。绝妙的是，到1925年7月23日，阿尔班·贝尔格已经完成了他的《室内协奏曲》（*Chamber Concerto*），那是一部高度系统化的门徒作品，将无调性和十二音音乐的创作发展到了复杂难解、连数字都带有象征意义的高度。然而，十二音**技法**的细节倒没有那么重要，重要的是勋伯格及其诠释者，特别是特奥多尔·W. 阿多诺[①]，在为这种技法赋予哲学和准科学必要性的过程中，将各种先锋派**思想**古怪地交融
23 在一起。

因此，很多现代主义活动中常常会存在一种“虚假的科学主义”——这是一种对待现代世界的态度，它要求各类艺术使用理性的创作方法，以便我们着手处理更为基本层面的现实，这种基本现实往往被想象成艺术和科学（乃至整个茫茫宇宙）所共有的。皮特·蒙德里安及其荷兰风格派运动[②]的追随者们便发出过这类声明，还给它们加上了一层神秘主义神学的形而上的外衣，使之变得更加复杂。我们在欣赏蒙德里安1917—1921年这个时期的绘画作品时，可以看到作品除了它本身外别无模仿的主题，因为它所属的那种现代主义传统对于如何使用一种受

① 特奥多尔·W. 阿多诺（1903—1969），德国社会学家、哲学家、音乐家，法兰克福学派的成员之一。

② 主张纯抽象和纯朴，外形上缩减到几何形状，而且颜色只使用红、黄、蓝三原色与黑、白两种非色彩的原色。

到约束、受到规则制约的直线和矩形色彩平面语言有着极为理论化、系统化的观点。它产生了一种比其他人的作品更加“纯粹”的抽象艺术，但同时也产生了一目了然的风格（同时预言了后来的几何抽象）。例如，创作于1921年的《红黄蓝黑的构成》（*Composition with Red, Yellow, Blue and Black*，图5）就有一种“相互角逐的力量之间的动态平衡”；其中有“狭窄的边缘平面”和“占据”着余下大部分面积的一个红色大方块，供人们对“空间和比例进行各种解读”，诸如“许多小平面起到了累积的支持作用”，与“红色大方块分庭抗礼”。

蒙德里安在写到这类艺术时用语极为含混暧昧，仿佛在假冒哲学，因为他的创作规则，乃至他关于自己绘画的预期效果的规则，都受到同样的极为笼统的观念的影响，如“普适性”或“平衡色彩关系”。他的画作看似否定了个体的表达，因为“只有当个人不再挡道时，普遍性才能一览无余”。目标是画作内部的和谐，于是：“有了（以确定的**比例**和**平衡**形成的）色彩和维度之间关系的**韵律**，绝对性才能出现在时空的相
对性之内。”我们是否欣赏蒙德里安（乃至是否钦佩他如此富 24
有哲思）取决于我们能否感受到和谐与平衡，以及能否直观地感受到画面比例的那种逾矩之趣。（这种平衡本应是乏味的，但正如沃丁顿[①]所说，蒙德里安画作的比例不符合任何显而易见的数学比例。）

在绘画领域，蒙德里安既是一个优秀的新柏拉图主义者，又是一个“新造型主义者”，我们在他这里看到了一个意义重

① 康拉德·哈尔·沃丁顿（1905—1975），英国生物学家、哲学家。

图5　皮特·蒙德里安，《红黄蓝黑的构成》(1921)。数学构造的平衡与和谐

25 大的起点，开始要求把艺术理解为某种理论的具体化概念的标本（这个过程为时甚久，直至后现代主义时期的观念艺术）。因为他被迫在绘画中寻找一种语言，一种符合其关于简单化的宗教和哲学信仰的语言（这种简单化须超越任何象征意义或唤起人们对真实世界之回忆的物体，如他的早期作品中出现的那些）。

这种哲学推动了绘画的发展。这是荷兰风格派运动的艺术家以及同时期的其他艺术家们共同的动机，他们梦想着一种简单明了、毫不妥协的语言来满足他们的需要，超越日常生活中功利实用的暧昧含混。正如勋伯格等人重写了此前公认的音乐调性语法，蒙德里安及其同行也力图寻找一种不受制于局部模仿的绘画语法，只是跟勋伯格的音乐一样，这种语法也须接近“更为基本的现实”。在这类作品中，我们很难看到任何东西能够实现其所声称的效果。作品或许可以作为一种象征符号，提醒其追随者这样一种通神论宗教信仰的存在，但其效果大多是耽于深思的，因而也造就了个体的转变。这样的作品更像和谐的设计而非宗教符号，因而能够带给人巨大的愉悦。

现代主义与艺术运动

上文中讨论的艺术家是不是“**所谓**（the）现代主义运动”的一部分？如果这么说意味着他们拥有同一套达成集中共识的观念（如政治纲领），那就不是，哪怕如前文所述，其中某些观念得到了非常广泛的传播。鉴于这个时期标志性的多元和分歧，我们可以看到，现代主义先锋团体——漩涡派、意象派、第二维也纳乐派、荷兰风格派、达达主义、超现实主义，诸如此类——产生了一种严肃的代际更替。而当理念上多少有些相似的团体走到一起后，如漩涡主义运动那样，我们就能看到庞德、艾略特、乔伊斯和刘易斯[1]以及与他们有密切接触的休姆[2]和弗林特等人，在
一场“运动”中临时性地通力协作，通过运动，可以造就一种集 26
体自我意识，其最明显但往往是虚假的彰显方式乃是个中人士

① 温德姆·刘易斯（1882—1957），英国画家、批评家。

② 托马斯·欧内斯特·休姆（1883—1917），英国批评家、诗人。

发表的某个宣言；如温德姆·刘易斯在伦敦主编的两期《爆炸》（*Blast*）杂志上发表的宣言，他以为如此一来便在所有艺术领域引发了一场“伟大的现代革命”，直接针对“哀叹的老家伙”和“与猴子称兄道弟”的旧式人物。在他——以及庞德——看来，这是基督纪元的终结。

同样的自我意识在1909—1914年间也影响了康定斯基和勋伯格，以及蓝骑士[①]团体的其他成员（包括奥古斯特·马克、弗兰茨·马尔克和加布丽埃勒·明特）。他们的1912年《年鉴》证明，在慕尼黑也发生了类似的思想变革。这意味着在“理论”崛起的很久之前，很多现代主义艺术都是通过曾赋予其灵感的准哲学、神学和心理学揣测来理解的，比方说康定斯基的《论艺术的精神》（*On the Spiritual in Art*，1912）、W. B. 叶芝的《幻象》（*A Vision*，1925），以及荷兰风格派团体的著作。

我们会看到，一些先锋派团体采用的方法有着显然更直接的政治目的，特别是早期的德国表现主义和未来主义运动、1918年后德国的达达主义，以及包豪斯学校的各类课程，这些都深切关注现代性，特别是技术在社会中的地位。因为，正是这一时期的建筑留存至今并定义了一个过往的时期；彼时新近发明的包豪斯风格建筑、家具设计和印刷规则在我们的时代仍依稀可见。他们尤其关注人与机器之间不断变化的关系。正如莫霍利-纳吉[②]在一篇题为《构成主义与无产阶级》（“Constructivism and the

---

① 瓦西里·康定斯基和弗兰茨·马尔克对于他们的展览作品及公开活动的称呼。该团体于1911—1913年在慕尼黑组织举办了两次展览，以展品来阐释他们在艺术理论上的理解，享誉一时。

② 拉兹洛·莫霍利-纳吉（1895—1946），匈牙利画家、摄影家，曾在包豪斯学校担任教授。

Proletariat”,1922年5月)的文章中所说:

> 我们这个世纪的现实便是技术:机器的发明、建造和维护。成为一个机器使用者便符合本世纪的精神。它取代了过往时代的超凡灵性。 27

他继而说:

> 机器面前人人平等,我可以使用机器,你也可以。机器可以碾死我;同样的情况也会发生在你身上。技术没有传统,没有阶级意识。每个人都可以是机器的主人,也可以是它的奴隶。

这种乌托邦式的纲领通常旨在成就民主和平等,不过鲜见成效,查理·卓别林的《摩登时代》(1936)就让整个欧美的大量观众看到了这一点。

弗朗西斯·皮卡比亚[①]和马塞尔·杜尚也采纳了一个同样滑稽却不无恐吓的视角来探讨机器,特别是两人在1915—1917年同处纽约的那段时期,他们在那里传播类似达达主义的思想,并对现代主义在美国的发展产生了巨大影响。皮卡比亚创作于1916年的《全球卖淫》(*Prostitution Universelle*,图6)是有着类似主题的作品之一,这幅画将女人描绘为一架脱离了肉体感官反应的机器,还暗含着不少厌女思想。此时,皮卡比亚宣称,

① 弗朗西斯·皮卡比亚(1879—1953),法国先锋派画家、诗人和字体设计师。

“现代世界的精神特质是机器……它实际上是人类生活的一部分——或许正是人的灵魂”。人们可以理解这里和皮卡比亚的《美国女郎》（*Young American Girl*）中有关能源和技术的隐喻——那个女孩本质上就是一个由男人掌控的现代物体（就像E. E. 卡明斯[1]的“她就像新车上路”一诗将男性在交配中的掌控比喻为开车）。这种早期的玩笑式无政府主义，以及达达主义所激发的对性与机器的现代性的讽喻，后来有了非常复杂的发展，这在杜尚著名的《大玻璃》（*Large Glass*，1915—1923）及此前的诸多作品中可见一斑。

正是通过当时的批评解读（如上文引用的弗莱和贝尔[2]的文
28 章）而不是辞藻华丽的宣言而得以广泛传播的思想，才使我们最近距离地了解到，体验全新的艺术作品会带来怎样的思想和情感变化。正是因为很多作家的反应，像是沃克塞尔和阿波利奈尔对早期立体主义的反应，才使得艺术家的新语言被更广泛地接受——这是由于作家们发明的话语能够接近所涉技术的细部特征。因此，我们对于布拉克和毕加索在1910—1911年的创新意图的认识，与后来对他们作品的外推性解读之间存在着一道鸿沟，那些解读，例如格莱兹和梅青格尔的著作，以及1912年“黄金分割派”（*Section d'Or*）画展的宣传，促成了立体主义先锋
29 派概念的创立。

正是因为有了这样的接受度，才使得使用各类介质创作的

---

① 爱德华·艾斯特林·卡明斯（1894—1962），美国诗人、画家、评论家、剧作家，被认为是20世纪诗歌的代言人。

② 原文如此。克莱夫·贝尔（1881—1964），英国艺术批评家，与形式主义及布卢姆茨伯里派相关联。

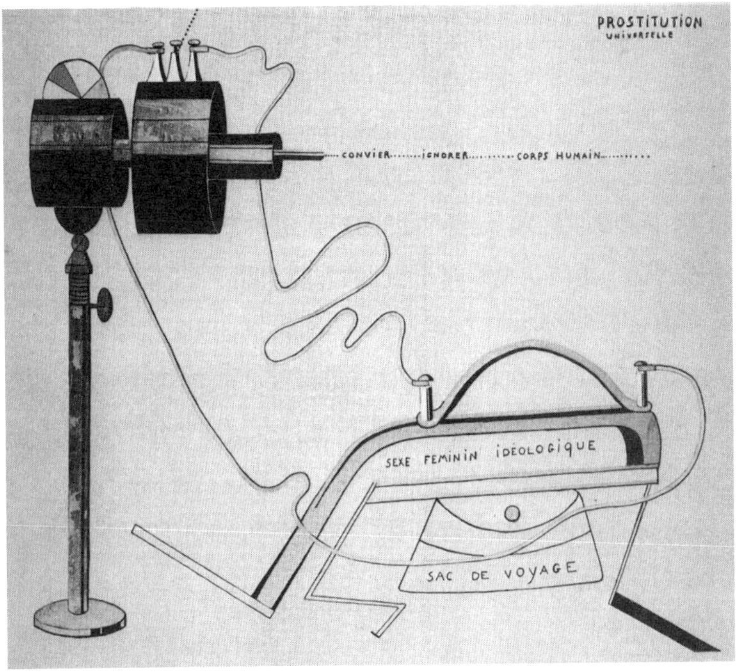

图6　弗朗西斯·皮卡比亚,《全球卖淫》(1916)。机器时代的人类观

艺术家们意识到有一场席卷全欧洲的运动，那场运动希冀“创新”并自视为“现代”，或现代主义。

新古典主义

然而，这种艺术语言的自觉的先锋派变化和一种或许更加简单、更为大众所接受的“创新”欲望之间还是有区别的。很多艺术家不愿被人看作是被束缚在他人通过宣传而分辨出来的“反动”和“前进”倾向上，无论结果是好是坏。斯特拉文斯基就是个臭名昭著的例子。他创作了20世纪最具革命性的一些作品，却从未隶属于上文提到的某种现代主义运动。尽管如此，他在颇具实验性和对抗性的芭蕾舞音乐，特别是《春之祭》（1913）和《婚礼》（*Les Noces*，1914—1917，管弦乐创作于1923年）之后，却以一种简单得多的语言，乃至一种新古典主义的混成曲风格，创作了《普尔钦奈拉》（*Pulcinella*，1919—1920）等作品，实属咄咄怪事。这部歌声来自乐池的芭蕾舞音乐作品，是对被认定为由佩尔戈莱西[1]原创的那些作品进行了管弦乐改编，对作曲进行了极少的改动，并由毕加索设计服装。作品古典、清澈，全无俄罗斯风格，与其说有德国气度，倒不如说有法国派头，因而险些沦为这个时期其他芭蕾舞剧的模仿拼盘——那些芭蕾舞剧，像雷斯庇基[2]-罗西尼[3]的《奇妙玩具店》（*La Boutique Fantasque*，1919）和托马西尼[4]-斯卡拉蒂[5]的《快乐的女士们》（*The Good Humoured Ladies*，1917），也同样是对前人音乐的添油加醋的改编。

斯特拉文斯基认为《普尔钦奈拉》是另一部革命性作品，其管弦乐音色交叠宛如色彩的反差（例如长号与低音提琴精彩而奔放的二重奏）。但这部芭蕾舞剧太过迷人，以至于不像是部实验作品，优美的旋律与毕加索的新古典主义和立体主义的即兴喜剧人物造型相结合，使得这部作品风靡一时（再次多亏了达基
30 列夫）。1934年，康斯坦特·兰伯特[6]可以抱怨说，“没有创作冲

① 乔瓦尼·巴蒂斯塔·佩尔戈莱西（1710—1736），意大利作曲家，意大利喜剧歌剧的先驱。

② 奥托里诺·雷斯庇基（1879—1936），意大利作曲家。

③ 焦阿基诺·安东尼奥·罗西尼（1792—1868），意大利作曲家。

④ 温琴佐·托马西尼（1878—1950），意大利作曲家，20世纪意大利管弦乐复兴的领军人物。

⑤ 朱塞佩·多梅尼科·斯卡拉蒂（1685—1757），意大利那不勒斯王国作曲家、羽管键琴演奏家。

⑥ 伦纳德·康斯坦特·兰伯特（1905—1951），英国作曲家、作家。

动又对风格全无感觉的作曲家，可以使用中世纪的语词，将其套进贝利尼[①]的风格，加上20世纪的和声，以18世纪的序列和形式化方法对二者加以发展，最后把整部作品搞成爵士乐队配乐”。但斯特拉文斯基不是那种作曲家；自《普尔钦奈拉》以降的伟大的新古典主义芭蕾舞曲，从《阿波罗》到部分采用十二音技法的《竞技》，都是当今现代芭蕾舞剧库中的核心作品，当然这也要归功于乔治·巴兰钦[②]的天才编舞。

斯特拉文斯基被勋伯格一党斥为反动倒退，说他未能掌握艺术语言真正的进步主义艺术发展的内在辩证法：

> “绝非如此。”斯特拉文斯基抗议道，“我的音乐既不是现代音乐，也不是未来的音乐。它是当前的音乐。人既不能生活在过去，也不能生活在未来。”
>
> “那么现代派都是哪些人呢？”
>
> 斯特拉文斯基笑了。“我可不想点任何人的名，”他说，“不过他们是靠公式而非思想创作的人。他们精于此道，大大败坏了‘现代’这个词。我不喜欢这样。他们作曲的初衷是想冲击资产阶级，最终却取悦了布尔什维克。”

勋伯格听说了这次采访，并以1926年7月24日的文章《伊戈尔·斯特拉文斯基：餐馆老板》（“Igor Stravinsky: Der Restaurateur”）作为回应。文章开篇第一句话就是：“斯特拉文

---

① 温琴佐·贝利尼（1801—1835），意大利作曲家。美妙的旋律与高难度的美声唱段完美融合，是他歌剧的魅力所在。

② 乔治·巴兰钦（1904—1983），俄裔美国舞蹈编导。他创建了纽约市芭蕾舞团，被誉为美国芭蕾之父。

斯基嘲弄了那些渴望谱写未来音乐的音乐家们（他们可不像他那样只想写当前的音乐）。”这是两位伟大的作曲家（及其拥趸）为争夺长期影响而宣战：勋伯格被奉为进步的一方，而斯特拉文斯基却被（阿多诺，直至1948年）诋毁为陷入“幼稚的”倒退状态，创作出了新古典主义的大拼盘。

是作为一种多少有些组织的运动的一部分，还是仅仅作为某种流行或时髦风格的“当代”开拓者——随着现代主义的发
31 展越来越政治化，这两者的区别变得越来越重要。在阿多诺看来，勋伯格遵循的是一个马克思主义者眼中的历史的内在规律：正如他在《现代音乐的哲学》（*Philosophy of Modern Music*）的“勋伯格与进步”一章中所说的：

> 规则［十二音音乐的音阶］绝非随意设计。它们是对素材中呈现的历史力量的配置。与此同时，这些规则又是其自身适应这种力量所依凭的一套公式。其中，意识力图净化音乐，去除其中已经腐烂变质的有机残余。这些规则［早期风格的科学］对音乐幻觉发起了猛烈抨击。

这是写进美学的马克思主义理论，有对历史的内在辩证法的解读，也有对个人主义的资产阶级的“假性意识”的质疑，在那以前一直被广为认同的音乐传统恰恰是那种假性意识的体现。

然而，1920年代的参与者们却并不认为自己转向了过往的艺术。因为这些引经据典的延续性主张采纳了一种全然现代主义的、戏仿和反讽的方式，直接批判性地反对其受众的社会设

定。它还要更剑拔弩张，因为它接替的是一个实施极为严肃的形式实验的战前时期。正如保罗·德尔梅[①]所说，“一个生气勃勃、充满力量的时期过后，必然是组织、盘点和科学的时期，也就是古典主义时代”，而皮埃尔·勒韦迪[②]也认为，“幻想让步了，对结构的需求日益增加”。如此重新审视艺术家与过去的关系，开辟了一种风格自觉的美学，因而让人们对现代性与过去之间的反差有了敏锐感知。“《普尔钦奈拉》是我对过去的发现，因为有了这样的顿悟，我后期的整个创作才得以继续。”斯特拉文斯基如是说。这部作品应以艺术史的角度来审视，其技巧为反讽开辟了空间，而反讽恰是格调高蹈的现代艺术的首要特征：“传统得以保留：圆舞曲、加洛普舞曲或进行曲的特征被简化为刻意夸大并充满讽刺意味的类型模式，从而以讽刺漫画的手法揭示 32
出社会原型”，不仅是斯特拉文斯基的作品，六人团[③]、普罗科菲耶夫、肖斯塔科维奇、拉威尔等很多人都是如此。但同时，在更严肃的作品，如斯特拉文斯基回到巴赫式对位法的《管乐八重奏》（*Octet*）中，也有着对传统更深层次的认知。斯特拉文斯基用借自绘画的语言，认为这部作品是一个类似几何抽象的空间物体：“我的《八重奏》不是一部‘情感’作品，而是建构在自成一体的客观元素上的音乐作品……一个自有其形式的物体。和所有其他物体一样，它也有重量，并在空间中占据一席之地。”正如梅辛所说：

---

① 保罗·德尔梅（1886—1951），比利时作家、诗人、文学批评家。

② 皮埃尔·勒韦迪（1889—1960），法国诗人。

③ 20世纪前期的六位法国作曲家，该称呼最初由法国音乐评论家科莱提出，引申自俄罗斯五人团。

> 在这部作品中，斯特拉文斯基展现出构成派和几何学的面目；他所有的想法都被表达成精确、简单而古典的乐句；而他对作品永远焕然一新的风格把握，在这部枯燥和精确的作品中呈现出无须技巧的权威性。

这种风格多元性，以及在某些情况下由简单化带来的明晰易懂，是战后时期的典型特征，在这一时期，各种现代主义风格风靡一时，在这种借用历史正典典故的基础上创作的艺术作品的数量也大大增加了。所有这些都是战后艺术界“呼唤秩序”的一部分（就更多的二流艺术家而言，这还跟他们普遍保守地召唤更具爱国主义和民族主义的政治秩序有关）。各类现代主义者都转而改编过去的作品，风格变得折衷、纷纷戏仿、颇具新古典主义的复古倾向，如此这般。

例如，莱热的《大早餐》（*Le Grand Déjeuner*，图7）就不再如《城市》那样颂扬现代生活的同步性，而变成了新古典主义的机械化版本。这些人是“女奴”，因而让我们想起新古典主义画家让·奥古斯特·多米尼克·安格尔[①]；银灰的肤色光可鉴人、
33 有如雕刻，令人回想起英勇而坚忍的大卫的形象；膨胀的女体让人想起尼古拉·普桑[②]的古典风格，与同时期毕加索的新古典主义作品《泉边三浴女》（*Trois femmes à la fontaine*，1921，图8）风格相似。毕加索甚至还为这幅颇具雕塑感的作品画了一幅文艺复兴风格的红铅粉草图习作，那幅习作影射了普桑的《井边

① 让·奥古斯特·多米尼克·安格尔（1780—1867），法国画家，新古典主义画派的最后一位领袖。

② 尼古拉·普桑（1594—1665），17世纪法国巴洛克时期的重要画家，但属于古典主义画派。

图7 费尔南·莱热，《大早餐》(1920—1921)。立体主义巨作，没有为之前裸体画作中体现的色情留下多少空间

的以利以谢和利百加》(*Eliezer and Rebecca at the Well*, 1648)。但它还是最像希腊的殡葬雕塑，画面的色调又显然是悲伤压抑的，这倒是自相矛盾，因为“大早餐”这一主题通常暗含着庆祝丰收的喜悦。伊丽莎白·考林[①]指出，这幅画也许是战后哀悼之举。

这种艺术绝不仅仅是轻言否定或单纯戏仿：那同样是新古典主义和后现代主义的区别所在。艺术中的新古典主义诉诸抽象、绝对、构建、纯粹、简洁、直接和客观等观念，标志着人们开始退而信仰“普世”艺术语言，而不是激进地发明全新语言。 34

在某些人看来，毕加索公开模仿新古典主义风格的转变也

① 爱丁堡大学艺术学荣休教授，著有《毕加索的肖像画》等。

图8　巴勃罗·毕加索，《泉边三浴女》（1921）。雕像般的女人：新古典主义与前辈艺术的竞争

像是抛弃了先锋派实验。（他还对模仿安格尔很感兴趣，例如他为维尔登施泰因夫人所画的肖像。）约翰·伯格[①]后来认为，这些作品：

① 约翰·伯格（1926—2017），英国艺术评论家、小说家、画家和诗人，最为出名的著作是艺术批判散文集《观看之道》。

> 不像原作那样令人满意或深刻有力，因为在形式与内
> 容之间存在着一条自觉的分界线。这些画作的着色或勾画
> 方式并非出自毕加索对其主题的理解，而是出自毕加索对 35
> 于艺术史的认知……［他］给维尔登施泰因夫人戴上了安
> 格尔式的面具，他本可以给她戴上劳特累克[①]的面具，但那
> 就不受大众欢迎了。

传　统

> 埃兹拉·庞德和T. S. 艾略特的作品显然都是“欧洲的”……“欧洲”诗人清醒地意识到自身所处的社会世界，他会批评它，却是以讽刺而非愤慨的态度来批评；他让自己适应这个社会，对其中积聚保存的音乐、绘画、雕塑，甚至各种小摆设都颇感兴趣。如果诗人遵循的是“欧洲”传统，那么他就会去描述那些文明的元素，不管它们出现在哪里：罗马、希腊、孔子身上，抑或中世纪的教会；并把它们与当代生活的暴力和无序进行对照。

对于他们身处其中的文化，现代主义者的视野非常宽广。艾略特虽要求有“历史感”，也还是在《荒原》中为玛丽·劳埃德[②]和“莎士比亚式的‘拉格’[③]”留有空间。然而，如果只阅读这部长诗的第一部分，就必须至少了解一些乔叟、莎士比亚、瓦

① 亨利·德·图卢兹-劳特累克（1864—1901），法国贵族、后印象派画家，近代海报设计与石版画艺术先驱。

② 玛丽·劳埃德（1870—1922），19世纪末20世纪初英国喜剧演员。

③ 黑人爵士乐歌曲，1912年齐格菲尔德轻松歌舞剧团风行一时的剧目。

格纳、《旧约》、希腊和“草木”神话、波德莱尔，等等。的确，正如艾略特在其《传统与个人才能》中所说，“不仅他［诗人］的作品中最好的部分，而且最具有个性的部分，很可能正是已故诗人们，也就是他的先辈们，最有力地表现了他们作品之所以不朽的部分”①，因为在这里，标新立异的原创性来自艾略特选用欧洲文学经典的方式，在他看来，他利用这种方式对跨越时间长河的文化间关系提出了一个复杂的观点。乔伊斯、毕加索、斯特拉文斯基、贝尔格、勋伯格、托马斯·曼等许多人都拥有这种改编过往作品的意愿。在斯特拉文斯基看来，传统“来自一种自觉且经过深思熟虑的接受……方法被替换了：［而］传统却得以发扬，为的是产生新作品。传统因而确保了创作的
36 延续性”。20世纪的现代主义者都在自觉地反思他们的作品和他们与之竞争的过去的作品之间有何关系和反差。这种反思浸淫在历史中，并通过主题的重复（从而使其具有普世性）以及与过去的同步对照（这经常会赋予其相对主义的讽刺意味）起作用。然而，《三便士歌剧》中模仿巴赫的众赞歌与贝尔格在其《小提琴协奏曲》中引用大合唱《永恒，雷鸣的话语》（*Ewigkeit, du Donnerwort*）的巴赫众赞歌《我心满足》（*Es ist genug*）截然不同，前者表明宗教已沦为大众伪善的感伤，而后者在作品中构成了令人难以忍受的挽歌式高潮。两位作曲家都预期其选段会被辨认出来，从而赋予作品以深意，在原作语境下的内涵如此便可作为现代作品的情感意蕴。这种效果远非单纯的混成模仿，因为它们不只是风格上的变异，也唤起了

① 译文引自李赋宁译注：《艾略特文学论文集》，百花洲文艺出版社1994年版，第2页。

我们这样一种认识：并非出于怀旧目的而将过往作品拿来一用，可以作为我们当下情感的试金石。

这些他山之石为一场自觉的欧洲运动带来了相当大的现代主义色彩。庞德、艾略特和乔伊斯（要知道这是两个美国人和一个爱尔兰人）笃信“欧洲的心灵”——在他们看来，亨里克·易卜生、尼采、柏格森、弗洛伊德、爱因斯坦、马里内蒂等人的思想都对此做出了必不可少的贡献。所有重要的现代主义者都对其他的语言和文化有着敏锐的意识，即便在他们同时深切关注民族主义问题时也是如此（比如叶芝对印度和日本文化就有着跟凯尔特文化一样专注的兴趣）。例如，叶芝、曼、纪德、乔伊斯、斯特拉文斯基的阅读范围都广泛得惊人。毕加索对过往的绘画、勋伯格和贝尔格对过往的音乐也同样博闻强记、信手拈来，其作品在这方面的复杂程度绝不亚于艾略特和乔伊斯。

但是，欧洲重要的现代主义者的作品无不受到非欧洲民族文化的极大启发，在许多情况下这包括非西方文化的方方面面，例如马勒的《大地之歌》（*Das Lied von der Erde*）、叶芝的能剧和后期的诗歌、庞德的《神州集》（*Cathay*）、布莱希特的《四川 37
好人》（*The Good Woman of Sezuan*）和《高加索灰阑记》（*The Caucasian Chalk Circle*），以及黑塞的《悉达多》（*Siddhartha*）皆如此。而德国表现派画家、早期的毕加索、达律斯·米约[1]、斯特拉文斯基和D. H.劳伦斯等许多现代主义者则醉心于他们视为“原始”文化（主要是非洲文化）的东西，并积极地将其改编和融入欧洲艺术。

① 达律斯·米约（1892—1974），犹太血统的法国作曲家，六人团成员。

实验或高级艺术在美国的发展（早期）也在很大程度上依赖于对欧洲文化的吸收——这在华莱士·史蒂文斯①、E. E. 卡明斯，以及早期的威廉·卡洛斯·威廉斯②等人身上非常明显，这几个人都是亲法派。

威廉斯和史蒂文斯对这一方面尤其感兴趣，这是因为他们对后立体主义绘画有所了解，尤其是1913年在纽约举行的著名的军械库展览会上的展品。威廉斯如此说道：

> 在巴黎，从塞尚到毕加索，画家们已经在他们革命性的画布上画了五十多年，但直到我看见马塞尔·杜尚的《下楼的裸女》(*Nude Descending a Staircase*)，才因它带给我的欣慰而放声大笑！我感觉好像精神上的重担被卸了下来，我对此非常感激。

他在诗中抛弃了叙事顺序，比方说在诗集《致需要者》（*Al Que Quiere*）中就是如此——这让他的诗歌很像图画。他想要达到现代绘画那样的效果，例如在《韵律图形》（"Metric Figure"）那样一首诗作中的视觉画面，这使得他关注事物或物体（就像塞尚和立体派画家的画作一样），并继而关注诗歌中的动态静物的发展。对于他来说，诗歌就像视觉艺术作品一样，是自成一格的物体，有它自己的形状。

在其典型的超现实主义诗集《地狱里的柯拉琴》（*Kora in Hell*）的序言里，他说："真正的价值是赋予物体自身以个性的特

① 华莱士·史蒂文斯（1879—1955），美国现代主义诗人，1955年获普利策诗歌奖。
② 威廉·卡洛斯·威廉斯（1883—1963），美国诗人、小说家。

质。关联或感伤价值都是虚假的。”他的《春天的旋律》（*Spring Strains*，收于诗集《致需要者》，大概写于1916年末）是以文字进行立体主义绘画的一次尝试。他的词句和意象碎片在《巨大的数字》（*The Great Figure*）一诗中最为明显，这首诗被查尔斯·德穆斯以其画作《我看到了金色的数字5》（*I saw the Figure 5 in Gold*, 1928）加以解读，其创作本身就与威廉斯脱不开干系。当时，威廉斯正在（与施蒂格利茨[1]、德穆斯和哈特利[2]等人一起）寻找独特的“美国”主题。他关于新事物的观念牢牢建立在现代主义技巧的基础上，但他需要一种同样前所未有的美国主题，在诗歌上摆脱庞德和艾略特的欧洲化传统。在诗集《春天与一切》（*Spring and All*）的散文部分，他把抽象的价值与他（像施蒂格利茨一派的摄影师和画家们一样）期待发现美国物体的渴望结合成为“美国场景的视觉现实”。戴克斯特拉[3]指出，《致需要者》中“一月的早晨”的15首组诗中，每首诗都有一两个经过密切观察的物体，“形成了一‘组’本质上像照片一样的意象”，那首关于手推车的名诗就是其中的典范。 38

华莱士·史蒂文斯始终是一个继承了某种爱默生式超验主义传统的“美国人”，但他也和威廉斯一样，是艺术赞助人沃尔特·阿伦斯伯格[4]和卡尔·范·维克滕[5]的朋友，并对绘画界的先锋动态了然于心，其中包括他在阿伦斯伯格的公寓里看到的

① 阿尔弗雷德·施蒂格利茨（1864—1946），美国摄影师，现代艺术赞助人。

② 马斯登·哈特利（1877—1943），美国现代主义画家、诗人和随笔作家。

③ 布拉姆·戴克斯特拉（1938— ），美国加州大学圣迭戈分校英语文学荣休教授。

④ 沃尔特·阿伦斯伯格（1878—1954），美国艺术收藏家、批评家和诗人。

⑤ 卡尔·范·维克滕（1880—1964），美国作家、艺术摄影师。

杜尚那幅著名的《下楼的裸女》。他早期的诗作显然受到了视觉体验中类似相对性的影响，在他自己的时代，他的诗作《观赏乌鸫的十三种方式》（*Thirteeen Ways of Looking at a Blackbird*, 1917）极好地证明了这一点。如此说来，史蒂文斯华丽且始终巧妙分段的自由体诗便是前卫主义的突出标志。他在发表于1937年的《弹蓝色吉他的人》（*The Man with a Blue Guitar*）中华丽地概括了自己的现代主义艺术观，以及我们自认为与世界相处的哲学。那是关于诗歌和绘画中的现代主义艺术如何重现现实的深入思考。

39 对于很久以后的作家如威廉·福克纳来说，欧洲现代主义是其知识体系的一大部分——他读过乔伊斯等人的著作，后来又在自己的创作中胃口惊人地运用了他们的意识流技巧。《喧哗与骚动》（*The Sound and the Fury*, 1929）中的昆丁·康普生与普鲁弗洛克和斯蒂芬·迪达勒斯[1]一样知识渊博、引经据典和满腹诗情。他生活在康普生家争吵不休的环境中，全家深受南方内战后那段历史的影响。这一切的处理就像乔伊斯笔下的都柏林一样巨细靡遗，此外还有大量复杂的神话和象征结构。例如，《喧哗与骚动》的章节与基督教复活节的三天平行，在这部小说，以及《押沙龙，押沙龙》（*Absalom, Absalom*）中，福克纳在小说情节与导致其发生的过往历史的悲剧性启示之间建构了一种艺术上的相互关系。这种福克纳式小说的认识论——它与扭曲的观念和联系之间，以及与口述历史传统之间的关系，是现代主义传统中最复杂的认识论之一，远超詹姆斯和普鲁斯特。在此过程

① 詹姆斯·乔伊斯的《一个青年艺术家的画像》中的主人公。

中，福克纳也像伍尔夫一样成为20世纪最堂堂正正的实验小说家之一，因为和伍尔夫一样，他（在后来大体属于现实主义的斯诺普斯三部曲之前）的每一本书都以极具诗情的散文体写成，呈现出一种个性分明而意味深长的形式结构：一个例子就是《我弥留之际》（*As I Lay Dying*）中很多交互的意识流呈现出心理上的相互矛盾和插曲式碎段。

威廉斯等人拒绝这种欧洲的支配地位，呼吁为独特的美国题材寻找适用的现代主义技巧，已是后来的事了。但影响力波及全球、超越欧洲现代主义关注议题的"纯美国"的艺术运动，却要到第二次世界大战才开始；并且直到绘画界的抽象表现主义从超现实主义和其他源头中崭露头角，本土的独立美国艺术运动才获得了实验性的原创力，获得了显然生发于本土却又有着国际影响力的重要地位。同样明显的是，在二战后那段时 40
期，沃尔特·阿比什[1]、约翰·巴思[2]、唐纳德·巴塞尔姆[3]、罗伯特·库弗[4]、堂·德里罗[5]、威廉·加斯[6]等人的美国实验小说展现出了比其他任何当代实验性叙事传统（包括囿于理论的法国"新小说"）更强大的原创力、生命力和趣味性。

几乎所有重要的现代主义者都认为自己的作品在很大程度上来自并回应了他们敏锐意识到的早期艺术传统，亦从中引经据典。例如，马蒂斯和毕加索都十分擅长以早期风格作画，从而

---

① 沃尔特·阿比什（1931—　），非裔美国实验小说作家，曾获1987年麦克阿瑟奖。

② 约翰·巴思（1930—　），美国小说家，其小说被认为具有后现代主义和超小说的性质。

③ 唐纳德·巴塞尔姆（1931—1989），美国后现代主义小说家。

④ 罗伯特·库弗（1932—　），美国小说家，布朗大学文学创作课程荣休教授。

⑤ 堂·德里罗（1936—　），美国散文家、小说家、剧作家。

⑥ 威廉·加斯（1924—　），美国小说家、随笔作家、批评家。

实现了在创作灵感上大体属于新古典主义的普世性。直到达达和超现实主义运动横空出世，后者极具新浪漫主义风格地强调个人想象和创造力，且大部分作品的目的不仅在于“新鲜”“原创”“实验”或“革命”，仿佛前无古人似的。首先，早期的现代主义者认为传统是历史上界定好的一套惯例，是他们要游弋其间并超越其外的东西——就像德彪西超越了瓦格纳，而勋伯格认为自己的作品是立基于勃拉姆斯之上的。也正因此，才有了韦伯恩《为管弦乐队而作的六首小品》（*Six Pieces for Orchestra*，1909—1910）和贝尔格《为管弦乐队而作的三首小品》（*Three Pieces for Orchestra*，1914—1915）中马勒进行曲乐章的无调性变形。

当然，某些现代主义者偏爱尽可能全然抛弃过去。这使得其作品强烈彰显原创性，无论在当时还是如今，这些原创性主张的传播往往要付出“无法理解”的代价——以过去的标准来看是这样，索性一股脑抛弃那些标准也一样无法理解。马塞尔·杜尚对过去的抛弃是出于原始达达主义的解放目的，在这方面尤有影响。他著名的《泉》（*Fountain*，1917）就是反映这种先锋思想的作品。杜尚买来一个普通的小便斗，上下颠倒过来，并签上“R. Mutt”的化名，来测试观众对于雕塑或“艺术作品”
41 是什么的观念；或许对后来的发展更有意义的是，他还测试了艺术机构，实际上是在询问那些机构未来愿意展出什么艺术作品（如果它们还算艺术作品的话）。这一做法开拓了一系列后现代艺术的核心主题。

文化诊断

鉴于这样一组假设，现代主义艺术家和知识分子自视为严肃的文化批评家。在英国，庞德、艾略特、温德姆·刘易斯、D. H.劳伦斯和奥尔德斯·赫胥黎（以及曼和纪德，还有各地的很多其他人）的文章便确凿无疑地表明了这一点。他们倾向于脱离自己身处的社会并生活在其边缘，遵循19世纪福楼拜、易卜生、王尔德和弗洛伊德等人作为异见人士反资产阶级的传统。例如，艾略特的散文实际上相当保守，最初他模仿朱尔·拉福格那些荒谬自贬的诗歌，后者在讽刺滑稽的诗歌中赤裸裸地展示当时资产阶级的自欺欺人，为他指明了道路。因此也就有了乔伊斯在《一个青年艺术家的画像》中通过斯蒂芬·迪达勒斯来倡导一种与多数人不同的道德观，摆脱传统的政治和宗教约束，这是个体持异见者的经典范例：他在艺术中，特别是在艺术的语言中，而非社会对宗教或政治的需求中，找到了自己的使命所在。这就是身为学生的斯蒂芬，他得知自己讨论易卜生的论文《艺术与生活》“代表了现代的动荡局面和现代自由思想的总和”。因此也才有了《追忆似水年华》中马塞尔的意识从天真接受阶级设定到对其采取超然的主观主义批评态度的演变。并且，这一时期的很多重要作品都基于对过去的高雅文化与当今社会的世风日下之间反差的关注。

探索这种反差的书籍中最广为流传的当属托马斯·曼的《魔山》（*The Magic Mountain*，1924），该书在本质上也是
一部教育小说[1]，根据作者的叙述，书中年轻的汉斯·卡斯托 42
尔普：

① 启蒙运动时期的德国产生的一种小说形式，以一位主人公——通常是年轻人——的成长、发展经历为主题。这位主人公以理想化的方式达到了当时人们对于一个受过教化之人的理想。

> 在精神上的博爱与浪漫态度、进步与反动、健康与疾病之间矛盾对立，过着滑稽而令人毛骨悚然的生活，但更多是为了它们本身的趣味、为了了解它们，而不是为了作决定。整体的精神是幽默–虚无主义的。

如此说来，他与斯蒂芬·迪达勒斯截然不同，但待在疗养院（也就是他的大学）使他卷入了塞特姆布里尼（以埃米尔·左拉及其继承者——包括曼的小说家哥哥海因里希[①]——的人道主义和进步自由主义为榜样）和精明的保守主义者列奥·纳夫塔（此人是“反理性”之人，还是犹太人、耶稣会会士、精英主义者、共产主义者，以格奥尔格·卢卡奇[②]为榜样）之间旷日持久的辩论中。而在小说接近结束时，我们又听到了佩佩尔科恩的消息（他代表尼采哲学的酒神法则，并以格哈特·霍普特曼[③]为榜样）。通过他们，愚笨不堪的卡斯托尔普接触到一个又一个世界观（*Weltanschauung*），什么“人道主义、唯灵论、精神分析以及含有诺斯替邪说的原始共产主义”。他来山上参加辩论，本该凌驾于山下的日常社会境况之上，达到一种沉思的超脱状态，但正如我们在后文中看到的那样，卡斯托尔普困境的解决采纳了一种全然不同的非理性方式。

在整部小说中，卡斯托尔普和读者不得不穷于应付那些被人格化的抽象概念，很多人认为这是德国文化的一部分，因此

① 海因里希·曼（1871—1950），德国重要作家，作品有着强烈的社会主题。

② 格奥尔格·卢卡奇（1885—1971），匈牙利马克思主义哲学家和文艺批评家，传统西方马克思主义的创始人。

③ 格哈特·霍普特曼（1862—1946），德国剧作家、诗人，自然主义文学在德国的重要代表，1912年诺贝尔文学奖得主。

曼希望提出的哲学与文化反差也就缺乏任何真正具体的例证。E. M. 福斯特就通过类似的对现实主义、象征主义和宗教神话之间关系的认识，以具体得多的方式呈现了这类反差：在完成于1925年的《印度之行》（*A Passage to India*）这部他最为现代主义也最充满诗意的小说中，英国人的帝国主义世界观与穆斯林和印度教徒的世界观形成了戏剧性冲突和反差。 43

这类作家的"高雅文化"以各阶层都可以接受的形式保留了有着重要文化意义的思想，同时也以问题重重、争议不断的形式提出了困扰文化的问题。这正是《荒原》《钟楼》[1]《尤利西斯》《柏林，亚历山大广场》[2]《印度之行》《追忆似水年华》《容尼奏乐》[3]《魔山》《演讲者》[4]《在括号中》[5]《幕间》[6]《没有个性的人》[7]《浮士德博士》以及《高加索灰阑记》等重要作品的关键所在。从这个意义上来说，现代主义与悲剧传统中的戏剧冲突有着密切的关系——但应当注意，上面提到的几乎所有作品中都有一个滑稽、反讽的人物，它暗含着吸引普通人做出反应的目的，通常与煞有介事的神学保持着一定的距离，如此便将其哲学（尽管并非道德）主张完美地相对化了。

对这类现代主义者来说，经典著作是他们关于人类过去那些重要的、本质上存在争议的历史时刻的参考点。其中有些参照点较为严肃，主要以经典著作为基础，如艾略特在《荒原》中

---

① 叶芝出版于1928年的诗集。
② 阿尔弗雷德·德布林出版于1929年的小说。
③ 奥地利作曲家恩斯特·克热内克创作于1927年的德语歌剧。
④ 英国诗人威斯坦·休·奥登发表于1932年的诗文集。
⑤ 英国画家、诗人戴维·琼斯发表于1937年的反映第一次世界大战的史诗。
⑥ 英国作家弗吉尼亚·伍尔夫的最后一部小说，发表于她去世后不久的1941年。
⑦ 奥地利小说家罗伯特·穆齐尔的一部未完成的小说，发表于1930—1943年。

引用了乔叟、瓦格纳、佛陀和草木神话；其他参照点则没那么重要，如庞德早期的《诗章》中并置改编了勃朗宁诗歌的并列风格，仰仗于费诺罗萨①对中文的看法，引用了道格拉斯②的经济理论，还对文艺复兴和经济史做出了极其独特的解读，跟艾略特的参照比起来，事实证明所有这些对20世纪后期人们关注的问题来说都没有那么重要。

总而言之，这些主题天然便带有自由化效果，凭借其所提供的方法，我们可以接受和理解多元的世界观以及西方文明内部价值观的反差，同时也可以理解现代阶段何以如此。最重要的是，它避免了狂热的必然性和选择性，那是1930年代以后各类反
44 对现代主义艺术的意识形态所共有的。

神话的思想

或许我们可以用一个外延更广的例子来更好地领会这一切。

《荒原》里对于当代生活的精神控诉很容易为早期的评论家们所理解。I. A. 理查兹③认为这首诗表达的是“战后一代人的心灵状态”；关注的是“我们这一代人面临的性欲问题，就像上一代人面临的宗教问题”。而C. 戴-刘易斯④认为：“它真实地再现了战争刚刚结束那段精神萧条时期知识分子的心态。”

---

① 欧内斯特·费诺罗萨（1853—1908），美国艺术史学家（专研日本艺术），东京帝国大学哲学及政治经济学教授。

② 克利福德·休·道格拉斯（1879—1952），英国工程师，社会信用经济改革运动的创始人。

③ 艾弗·阿姆斯特朗·理查兹（1893—1979），英国教育家、文学批评家、修辞学家。

④ 塞西尔·戴-刘易斯（1904—1972），英裔爱尔兰诗人，1968年至其去世期间为英国桂冠诗人。

但诗中提出的大问题，特别是宗教问题，并不容易看出来，因为就像《尤利西斯》一样，它们被表现为神话，因而很多现代主义者（特别是那些有精神分析思考倾向的人）认为它不仅表达了当代人类的“原始”幻想，也表达了人类肇始之日的孩童本性；并因此产生了一种令人不安的想法，即古代神话或许会蛰伏在现代经验之下，特别是涉及性欲或倒退时尤其如此。那就是艾略特在《荒原》中所依靠的东西，他曾仰慕乔伊斯在《尤利西斯》中做了这样的事情。的确，艾略特认为他在其中发现的“神话的方法”对创意写作有着潜在影响，可与“爱因斯坦的发现”相提并论。这是因为“心理学（尽管有其自身的许多不足之处，也不管我们是以取笑的态度还是以严肃的态度来对待它）、人种学和《金枝》共同发生作用，使得几年前都还不可能的事成为可能”。[①]（就算对叶芝来说，这显然也是不可能的，这里很不公平地称他只是这种方法的“预示者”。）神话的方法“在使现代世界获得艺术可能性的方向上迈进了一步”[②]（这是公开宣称的认知收益）。因为对给定的由A影射B这样的典故而言，还可以进行批评的并置，例如，在《荒原》中，当前在泰晤士河上的情侣们（独木舟里的女郎在里士满附近被诱奸）看起来就要比过去乘坐皇家游船徜徉在泰晤士河上的情人（伊丽莎白女王和莱斯特）要肮脏得多——果真如此吗？ 45

艾略特和很多同时代人都到思想的文化中去寻找一种神话观念，这本身就是问题重重、争议不断的，考察一下他在众多文本来源中所表达的分歧观点，就可以看到这一点。现代主义

① 译文引自王恩衷译：《艾略特诗学文集》，国际文化出版公司1889年版，第285页。
② 译文出处同上。

在创意作品中对神话的使用是各种矛盾话语的大杂烩，所有那些话语各自与艺术家工作于其间的文化构成了有趣的关系。单就艾略特一人，我们就必须考察范围广泛的可能来源，诸如《荒原》的“伪学问”注释中提到的那些。一旦我们开启了这样的搜索（事实上很多人已经这么做了，希望借此找到统领全诗的一个主要神话），就会发现我们还不得不对付艾略特关于神话与原始主义和宗教有何关系的思考，他对弗雷泽（特别是《金枝》第四卷“神王之死”）、杰西·L. 韦斯顿[1]（在一定程度上），以及简·哈里森[2]和其他剑桥人类学家的解读，他本人关于仪式与神话关系的看法，以及他从大学课程中学到的人类学的一般知识，如此等等。

一旦我们找出这样的材料，还需要评估它们不同的“文化权重”，因为它们既是诗的构成元素，又是诗所产生的成果。这些话语或许是某次对话的一部分，或是某本书里读到的一个措辞（如斯蒂芬·迪达勒斯把历史定义为“一场噩梦，而我一直想从中醒来”，显然源自《小老头》），或来自上文曾间接提到的专著、诗歌和人类学、哲学以及艰深的心理学著作。

所有这些关于艾略特笼统的神话观念的可能来源，让我们意识到困扰文化的问题或困境，具体在这个例子中，就是“神话
46 能否支持或代替宗教？”这一争论的晚期版本。这些困境有助于确保这部作品的经典地位以及它在解读中长盛不衰的活力［这在曼的《约瑟和兄弟们》（*Joseph and His Brethren*）以及，我们在后文中会看到，毕加索的《格尔尼卡》（*Guernica*）等作品中

① 杰西·莱德利·韦斯顿（1850—1928），英国独立学者、中世纪史专家和民俗学研究者，主要研究中世纪的亚瑟王传奇。

② 简·埃伦·哈里森（1850—1928），英国古典学者、语言学家和女性主义者。

同样明显]。对于宗教信徒来说，神话的地位问题应该与对《荒原》中的艾略特那样同样重要，原因也大致相同。这种技巧的使用实际上是为了在历史语境下进行文化诊断，因而《荒原》[以及庞德的《诗章第16篇草稿》(*Draft of XVI Cantos*)]是"一个关于欧洲腐朽的幻象"[劳伦斯的《恋爱中的女人》(*Women in Love*)、曼的《魂断威尼斯》(*Death in Venice*)和《魔山》、叶芝的《一九一九》(*Nineteen Hundred and Nineteen*)，以及这一时期的很多其他文本也是如此]。

最重要的是，现代主义的神话观可以让艺术与历史形成一种全新的关系，在这种关系中，艺术可能会喧宾夺主：因为这种神话观可以（用尼采的视角）把撰写历史本身看成是一种塑造神话的形式，以及反之，把神话看成是构成一个民族的基本历史所不可或缺的形式；例如，在叶芝的诗歌和戏剧中，古老的凯尔特神话因为提前发生而轻松绕过了爱尔兰的基督教历史，从而在天主教会之外找到了"真正的爱尔兰"。它还可以支持某一次保守派拒绝历史的"进步性"变化，因为它（还是以尼采的视角）"的确"受限于一再发生的普遍原则的神话般的重复，《尤利西斯》看上去就是这样。神话持续对马克思主义或其他任何关于历史的内在经济运作方式的进步主义观点发出挑战，同时也对任何坚信科技进步会彻底改变人类行为境况的观念发出挑战（科幻小说除外），虽然这些挑战或许有些保守，还可能是悲观的。的确，现代主义者会说，科幻小说和乌托邦幻想本身往往都具备古代神话的一切重复性结构特征，后者在科学演进的各个阶段也随处可见。

几乎每一位重要的现代主义者——叶芝、艾略特、庞德，以

47 及奥登、纪德、乔伊斯，还有曼、斯特拉文斯基和勋伯格、马蒂斯、毕加索，以及超现实主义者们——都曾在某个阶段对神话与文化的这种关系深深着迷，并在他们的作品中将它用作某种叙事、结构和引经据典的原则。

一旦现代主义艺术能够以阿诺德的方式对宗教和历史解释文化的说法表示反对，我们就会发现各种大相径庭的作品——里尔克的《哀歌》、艾略特的《四首四重奏》，以及曼的系列小说《约瑟和兄弟们》——与当时大众所理解的正统宗教的关系变得极不融洽。这主要是因为19世纪末以来的艺术一直声称比所有这类正统派都要深入得多，直抵深处，在宗教神话创造的历史中发现了永恒的古代智慧。正如为叶芝带来启发和灵感的布拉瓦茨基夫人①所说：

> 我们或许完全可以明确地说，这些书籍中的教导，不管是多零碎和残缺的教导，不专属于印度教、袄教、迦勒底神谶，不专属于埃及宗教，也不专属于佛教、伊斯兰教、犹太教或是基督教。所有这些宗教的精华是**秘密教义**。各种宗教体系都由它起源，如今又被并回它们的原始元素，种种神秘和教条都是从那里产生、发展，并最终实现的。

基于这些前提的文学有了新的使命：正如西蒙斯②在其《象征主义运动》（*Symbolist Movement*）一书中所说的，“它在跟我们

① 海伦娜·彼罗夫娜·布拉瓦茨基（1831—1891），西方神秘学学者，神智学的创始者。

② 阿瑟·西蒙斯（1865—1945），英国诗人、批评家和杂志编辑。

对话……因为迄今为止只有宗教曾跟我们对话，[文学]本身也就变成了一种宗教，带有**神圣仪式**的全部义务和责任的宗教”。考虑到现代性的世俗化影响，现代主义者与神话和宗教纠缠不休或许令人奇怪，但他们中间的很多人，包括信仰宗教的（康定斯基、蒙德里安），回归正统宗教的（艾略特、斯特拉文斯基、奥登、勋伯格），持怀疑态度但备受诱惑的（纪德）、欣然走向异端的神话研究者（叶芝、史蒂文斯）和乐于世俗的布卢姆茨伯里派[1]不可知论者们，都认为艺术的主张或多或少是与正统宗教的主张竞争或互补的。其他很多人，像叶芝、萧伯纳、劳伦斯和曼 48
等，要么在寻找宗教替代品，要么遵循荣格等思想家的路径，寻找它在精神上的有效等价物（赫胥黎、叶芝），或是发展出反对它的心理学论据，认定它是纯粹的幻觉，同时又强烈地认识到它在神经学上具有不可避免性，如弗洛伊德所做的。这种在高雅文化而非宗教体系内部寻找灵感权威的做法是现代主义时期的主要遗产。 49

① 1904年至第二次世界大战期间，以英国伦敦布卢姆茨伯里地区为活动中心的文人团体。虽然这个团体主要以文学的头衔而著名（弗吉尼亚·伍尔夫是最广为人知的代表者），它的拥护者却活跃于几个不同的领域，包括艺术界、艺评界以及学术界。

第三章

现代主义艺术家

记忆、思想和情感存在于原初意识之外——自从我学习心理学以来,这个发现是该领域发生的最重要的进步。

威廉·詹姆斯,《心理学原理》

(*The Principles of Psychology*,1890)

现代生活最深刻的问题来自个人企图在社会的强权、历史的沉重遗产以及生活的外在文化和技巧中保持其生存的独立和个性。

格奥尔格·齐美尔[①],《大都市与精神生活》

(*The Metropolis and Mental Life*,1903)

让我们在一个平凡的日子里拿出片刻仔细观察一颗平凡的心灵……让我们按原子降落在心灵上的顺序来记录原

① 格奥尔格·齐美尔(1858—1918),德国社会学家、哲学家。

子，让我们循察每一瞥景象或每一桩事件在意识中刻下的痕迹，无论它表面上怎样支离破碎、毫无章法。

弗吉尼亚·伍尔夫，《现代小说》（*Modern Fiction*，1925） 50

主观视角：意识流

现代主义艺术的早期趋势是呈现主观经验，并前所未有地强调它的重要性。这一时期的重要艺术家继承了19世纪末的遗产，强调意象、象征主义、梦境和无意识的作用，总是偏爱个体的自我实现，更有甚者，还通过想象的、直觉的，以及我们将会看到的"显灵的"方法来接近真相，往往与更为理性或公开的辩论方式相悖相争。而这一考量也适用于所有艺术形式：既适用于德彪西的《佩利亚斯与梅丽桑德》①和理查德·施特劳斯的《厄勒克特拉》中克吕泰涅斯特拉的梦幻咏叹调，也适用于阿波利奈尔和艾略特的诗歌；既适用于戈特弗里德·贝恩的诗歌和勋伯格的《期待》与《月光小丑》中表现派的情感表达，也适用于追随梵高放弃局部色彩来表达情绪的野兽派画家；既适用于立体主义明显主观的视角，也适用于康定斯基的幻觉抽象。

现代主义依赖意象联想（人们常常认为它受到无意识的驱使）来运用"意识流"，这是所有艺术的基础。它旨在更忠实于私密的心理过程，往往带有柏格森所强调的特征，即关注我们对主观时间（*durée*）而非公共时间的体验的灵活性。在描述时，这种想法不服从以前被人们所理解的某种书面语言惯常的公开习俗。下文是乔伊斯笔下的利奥波德·布卢姆所想到的鱼：

① 《佩利亚斯与梅丽桑德》中的人物都活在梦里，但对白却经常流露出微妙而写实的心理变化，故事中出现的事物常常有更深刻的象征意义。

> 那准是用磷做的。比方说，倘若你留下一段鳕鱼，就能看见上面泛起一片蓝糊糊的银光。那天夜里我下楼到厨房的食橱去。那里弥漫着各种气味，一打开橱门就冲过来，可
> 51 不好闻。她想要吃什么来着？马拉加葡萄干。她在思念西班牙。那是鲁迪出生以前的事。那种蓝糊糊、发绿的玩意儿就是磷光。对大脑非常有益。①

《尤利西斯》的“塞壬”一章里也有一例，即一辆轻便二轮马车的铃铛声奇怪地让布卢姆烦躁不堪。我们可以推断出之所以如此，是因为这几乎让他回想起他和摩莉在开场的早餐一幕里，婚床上方悬挂的铜铃所发出的叮当声，以及当天下午，他的妻子摩莉和情人布莱泽斯·博伊兰在婚床上时，那些铜铃即将发出的声响。解读这些意象，并将其与我们对布卢姆的个性以及小说情节“如何进展？”的想法连贯起来，是我们身为读者的任务。这是技巧（关联，包括使用间接典故，以及没有明显的逻辑连接词）与思想的重要结合——笼统地说，这里的所谓思想就是一个白日梦一样的心理过程，特别是通过开口说话之前的想法表达出来的心理过程。这里涉及关于私密的新观念。布卢姆竭力不去想摩莉·布卢姆的不忠，但依然浮想联翩，他的意识流表达了他无论如何不会也不能大声说出来的东西（例如，在“瑙西卡”和“喀耳刻”诸章中他对女人的幻想，或是《喧哗与骚动》中的白痴班吉的想法）。

进步主义和自由化的效果显而易见——乔伊斯的布卢姆

① 译文引自萧乾、文洁若译：《尤利西斯》，译林出版社2010年7月版，第183页。

的确有一副迷人的“普通人的”头脑，斯蒂芬·迪达勒斯则有着惊人的创造力；而摩莉的思考不仅把我们带进她谈情说爱的情境中，还表达了她对博伊兰的态度，那显然不是她说出来的一部分，而是像很多现代主义作品那样，揭示了女人的性反应的方方面面，那是19世纪的小说中明显缺失的。

> 他管它们叫作小咂咂儿　我忍不住笑了起来　嗯反正这边儿这只硬邦啦　只要稍微有点儿什么奶头就硬啦　我要让他老是这么嘬下去　我要把搅出沫儿来的鸡蛋掺到马沙拉里来喝　为了他的缘故　把奶头养得肥肥实实的　那些血管唔的是干吗的呢　两个造得一模一样　多奇妙啊　倘若生了一对双胞胎的话　它们会被认为是美的象征　就那样摆在那儿　像是陈列馆里的雕像似的　雕像中 52
> 的一座还假装用她的一只手遮住它　它们真那么美吗　当然喽　要是跟男人那副样子比起来的话　他的两只袋装得满满的　他那另一个物儿又耷拉出来　要么就像帽架上的钩子那么朝你戳过来　也难怪他们要用一片白菜叶子遮住它哩。[1]

弗吉尼亚·伍尔夫曾明确指出，艺术家可借此为我们所有人实现一种心理现实主义的认知收获；这标志着一种观念上的转变，转而探索关于主观性的具体哲学思想，后者引发了20世纪自我观念的范式转换。伍尔夫写道，在现实主义小说中：

① 译文引自萧乾、文洁若译：《尤利西斯》，译林出版社2010年7月版，第802页。

> 每一种城镇都被描述过了，数不清的机构也是如此；我们看到了工厂、监狱、济贫院、法庭、议会；一片喧嚣，满怀抱负、愤慨、努力和进取的声音从这片骚乱中升腾而起；但在所有这些汗牛充栋的书页中，在所有这些聚成一堆的街道和房屋里，竟没有一个我们认识的男人或女人。

伍尔夫随后想象在一节火车车厢里，有一位H. G. 威尔斯[1]、约翰·高尔斯华绥或阿诺德·本内特[2]等人笔下的布朗太太坐在她对面。在她看来，这些作家“很有价值，当然也很有必要”，但他们的书“给人留下了如此奇怪的残缺和不满之感。为了完善它们，似乎有必要做点什么——加入某个协会，或者更迫切的做法是开一张支票”。她继而又描述了这三位小说家会如何单薄无力地描述布朗太太，而“记录布朗太太”乃是文学史下一章的标题；并且，“让我们再次预言，那一章将是最重要、最辉煌、最具划时代意义的章节之一”。伍尔夫本人在《雅各布之屋》(*Jacob's Room*)及其后的小说中，就以焕然一新的、全非乔伊斯式的召唤意识的方式尝试了这种“记录”。她追求这种技巧的主要原因，是它把布朗太太表现得更真实，同时还能保留她内在的、
53 相当普通的尊严(《达洛维夫人》中塞普蒂莫斯·史密斯的那些疯狂念头也是如此)。

对于现代环境下——尤其是城市里——私密经验的性质，音乐家、作家和画家有着共同的兴趣。从这个角度而言，我们必

① 赫伯特·乔治·威尔斯(1866—1946)，英国小说家、新闻记者、政治家、社会学家和历史学家。

② 阿诺德·本内特(1867—1931)，英国作家。

须把《荒原》看作是艾略特对自己在伦敦的性经验的私密性、忏悔性乃至神经错乱性质的探索。同样，当我们审视《尤利西斯》中布卢姆、摩莉和斯蒂芬对都柏林的不同反应，或福克纳的《喧哗与骚动》中的三兄弟，或达洛维夫人沿着皮卡迪里大街和邦德街行走时，也要对作为背景存在但很难说是有意识的专注思考的性质有所认识。我们感觉到自己不仅占据了另一个人的心灵（这可以唤起我们在道德和政治上意义重大的认同感和同情心），也能够欣赏特定的文化环境中个体的语言感受力的特性。外部因素并未缺席，但应该从个人的角度来观察它们，从而消弭和无视（或者实际上预先默认）一个可靠的作者的现实主义知识。但是，这些心理上的现实主义者所知的东西有所不同：

> ……听！深沉的钟声响了起来。先是预报，音调悦耳；然后是报时，势不可当。一圈圈深沉的音波消失在空气之中。在穿过维多利亚街时她心里想，我们是多么愚蠢啊。因为只有上帝才知道为什么人这样热爱生活。这样看待生活，想象生活是什么样子，在自己周围建构生活、推倒、再时时刻刻重新加以创造；但即使是穿着最邋遢的女人，坐在门口石阶上的最沮丧忧愁的人（酗酒是他们堕落的原因）也同样如此；正因为这个原因——他们热爱生活——她相信议会的法令也不起作用。在人们的眼光中，在轻松的、沉重的、艰难的步态中；在轰鸣和喧嚣声中；马车、汽车、公共汽车、货车、身前身后挂着广告牌蹒跚着摇摇晃晃前行的广告夫；铜管乐队；手摇风琴；在胜利的欢庆声、铃儿的叮咚声和头顶上飞过的飞机的奇特的尖啸声中，有着她热爱的一

54 切：生活；伦敦；六月的这个时刻。①

尊重个人的**主观视角**，并怀疑服从性和集体意识（如《尤利西斯》中那位公民的政治判断，以及《达洛维夫人》中布拉德肖大夫的专业医疗假设），这是现代主义的一个重要方面。很多重要的小说都在探讨某个具体意识的视角。乔伊斯的斯蒂芬、普鲁斯特的马塞尔、曼的汉斯·卡斯托尔普、伍尔夫的莉莉·布里斯柯、阿尔弗雷德·德布林②的弗兰茨·毕勃科普夫、罗伯特·穆齐尔③的《没有个性的人》，等等。而华莱士·史蒂文斯、威廉·卡洛斯·威廉斯、W. B. 叶芝、T. S. 艾略特、莱纳·玛利亚·里尔克和戈特弗里德·贝恩等许多诗人也各自携带着各自时代的新认识论，画家，特别是从瓦西里·康定斯基到萨尔瓦多·达利和马克斯·恩斯特④这些无畏地坚持主观的画家，以及阿诺德·勋伯格和阿尔班·贝尔格等音乐家，也是如此。

这种对主观视角的分析日渐壮大，可见于柏格森的哲学、弗洛伊德的心理学，但对其最孜孜以求的，当属主观自恃的现代主义艺术；它们描绘了这种心理学，并追踪了富于表达或创造力的个人不断摆脱社会公认的信仰形式（像乔伊斯把自己描写为斯蒂芬·迪达勒斯），或给予读者一种对不同身份或异见身份的亲密感；而就我们阅读的政治来说，最有意思的是女人的这一

① 译文引自王家湘译：《达洛维夫人·到灯塔去·雅各布之屋》，译林出版社2001年9月版，第4页。

② 阿尔弗雷德·德布林（1878—1957），德国小说家、散文家、医生。

③ 罗伯特·穆齐尔（1880—1942），奥地利作家。他在奥匈帝国瓦解后，自我放逐到德国。

④ 马克斯·恩斯特（1891—1976），德国画家、雕塑家、图像艺术家及诗人。

切—— 如多萝西·理查森[1]庞大的意识流小说系列中的女主角、摩莉·布卢姆、达洛维夫人，以及莉莉·布里斯柯所表现的那样。

顿悟与幻象

这种模式中最值得一提的东西，可以跟着乔伊斯的叫法，称之为对顿悟体验的依赖。这可以大致定义为一种启示，它不是通过不着边际的思考得来，而是来自对某种全然**独特**之事的近距离的主观理解。当然，文学传统中不乏这类伏笔，比如在威廉·华兹华斯、杰拉尔德·曼利·霍普金斯和法国象征主义的 55
笔下，以及从乔治·艾略特到约瑟夫·康拉德的作品。然而为这种日后成为现代主义艺术核心的心理过程命名的，却是乔伊斯。

> 这是我所谓顿悟的一刻。首先，我们认识到客体是一**个**有机整体，然后我们认识到，它是一个有组织的合成结构，事实上是一个**事物**：最后，当各部分之间的关系变得微妙，当各部分适应了特殊点，我们认识到它就是**那个**事物。它的灵魂、它的本质突破表象直达我们眼前。最常见的客体（其结构调整使然），其灵魂在我们看来光芒四射。客体实现了它的顿悟。

这个论点还可以用于解释很多艺术和静物画的预期效果，也可以作为布卢姆茨伯里派“蕴意形式”观念的一个早期概要。但对文学顿悟更为关键的是一种更深层次的影响，一种深入现

① 多萝西·理查森（1873—1957），英国作家、记者，运用意识流作为叙述技巧的最早一批现代主义小说家之一。

实本质的直觉，例如发生在乔伊斯、曼、伍尔夫、让–保罗·萨特等人身上的顿悟。乔伊斯倾向于将它看作一个审美超脱的心理学过程（源自沃尔特·佩特①），在此过程中，心灵“受到吸引”并“升华到欲望和憎恶之上”，而处于“与理智最理想的关系之中”（这尤其适用于我们对蒙德里安那样的艺术的理解）。

然而，《一个青年艺术家的画像》一书中斯蒂芬的例子却是典型的康德式的，他审视一只寻常的篮子：“你沿着构成它的形式的线条，一点一点地看下去；你感受到在它的限度之内的各部分之间的平衡；你感觉到了它的结构的节奏”；它是一件**东西**。“你感知到它复杂、多层、可分、可离，是由许多部分组成的，而这许多部分和它们的总和又是和谐的。这就是**和谐**（*consonantia*）。”“一箭中的，”林奇“俏皮地”说。②

伍尔夫给予了这种领悟一种重大得多却没有那么形式化的意
56 义，她认为这件东西与外部世界之间的关系可能是有启示性的。

> 我看着前门旁的花床；“那就是全部了。”我说。我看着一株茎叶舒展的植物；一切突然间变得一目了然：花本身就是大地的一部分；一个光环圈住了所谓的花；那才是真正的花；部分土地；部分花朵。我把这个念头收好，以后或许会很有用。

的确，它相当有用：

① 沃尔特·佩特（1839—1894），英国随笔作家、文学和艺术批评家、小说家。

② 译文引自黄雨石译：《一个青年艺术家的画像》，外国文学出版社1983年版，第251页。

我觉得自己受到当头一棒；但那不是我在孩童时期以为的那种来自躲在庸常生活背后的敌人的一击；它是，或者将来会变成对某种秩序的揭示；它是外表之下某种真实事物的象征；而我用文字让它变成了现实。

……那是我在写作过程中似乎发现了事情的脉络之时所感受到的狂喜；把一个场景写得合情合理；让一个人物立了起来。我从这里达到了我或许可称之为哲学的东西；无论如何，这都是我一贯所想；庸常生活后面躲着的是一个模式；我们——我指的是所有人类——都与此有关；整个世界就是一件艺术作品；我们都是这件艺术作品的组成部分。《哈姆雷特》或贝多芬的一部四重奏是关于这个我们称之为世界的浩浩穹宇的真理。但世上没有莎士比亚，没有贝多芬；显然且肯定没有上帝；我们就是文字；我们就是音乐；我们就是事物本身。我看清这一点时震惊不已。

我的这一直觉——它犹如本能，仿佛是上天赐予我，而非我自己创造的——自从我在圣艾夫斯看见前门旁花床中的花的那一刻起，便显然成了我的生命的参照系。

伍尔夫在这里所说的内容，反映了20世纪普遍存在的对哲学、宗教及整个意识形态的群体主张的怀疑论。构建经验的是个人——不是通过哲学或宗教，而是以一件艺术作品或一种叙事来赋予其连贯性。“自我”不是道德准则、美德与恶行——即外部视角——的一个活的纲要，而是始终维系着个人的“故 57
事”。众多现代主义者所依赖的正是这种艺术秩序，它的效果虽然只是局部的，却往往极其强烈和广泛，普鲁斯特就是一例。

它支撑着《到灯塔去》中莉莉·布里斯柯最后的“幻象”。她正竭力完成一个含有“拉姆齐夫人和詹姆斯坐在台阶上”的画面。（但这部小说前半部分的中心人物拉姆齐夫人在此之前就已经去世了。）她随后关于人生的“启示”便精妙地维系了事物的性质、历史事件与赋予其秩序的艺术的性质之间的平衡。这正是绘画的目的，或许是，也或许不是，因为她在这里思考的不止是她的绘画：

> 真得感谢老天，那片空白的问题依然存在，她心想，重又拿起了画笔。那片空白瞪着她。画面的整体平衡取决于这个砝码。画的表面应该明亮美丽，轻盈纤软，像蝴蝶翅膀上的颜色那样，色彩相互交融。但是在它的下面，整个结构必须用铁螺栓夹在一起。[①]

当她透过窗子看到有人走进窗子后面的画室，担心这会弄乱她画面的构图时，她想：

> 你需要，她一面不慌不忙地用画笔蘸颜料，一面想道，把体会放在普通的生活经验的水平上，去感受那是把椅子，那是张桌子，而同时又感到，这是个奇迹，这使人狂喜。终究这个问题是可以解决的。[②]

---

① 译文引自王家湘译：《达洛维夫人·到灯塔去·雅各布之屋》，译林出版社2001年9月版，第322页。

② 译文出处同上书，第348页。

艾略特的《四首四重奏》中的重要时刻——它诚然预设了正统的圣公会信仰的立场——旨在抓住这种以象征为中心且显然是审美的顿悟体验，很大一部分原因是诗人关于他所作之诗的语言有着非凡的自我意识，这种语言本身就是每一首“四重奏”最后一节的主题。因此，在“烧毁了的诺顿”的结尾： 58

> 言语和音乐
> 只有在时间里进行；只有活着的
> 才能有死亡。言语，在讲过之后，达到
> 寂静。只有借助形式，借助模式，
> 言语或音乐才能达到
> 静止。犹如一个静止的中国花瓶
> 永久地在其静止中运动。①

这首诗有着清醒的自我意识，给处处是象征主旨的全诗的这种静止赋予了一种象征意义，让它有了神学观念的内涵，也就是这里关于上帝是一个“不动的动者”的观念。因此，这种关于艺术作品自主性的大有济慈风格的沉思也自有其深层的玄学意义。而这里对于形式和模式等观念的仰赖再次强烈地表明了抽象艺术由思考所引发的“蕴意形式”。这首诗还利用了音乐的非语言抽象——也就是其自身的诗意律动，且使用了一种音乐象征主义，它同样有着神学含义，却仍被看作植根于极为个人化的顿悟体验：

① 译文引自赵萝蕤、张子清等译：《T. S. 艾略特诗选：荒原》，北京燕山出版社2006年版，第151—152页。

乐音延续时小提琴没有静止，
不仅如此，而是相互依存，
或者说，终止先于开端，
终止和开端经常在那儿
在开端之前，终止之后。
一切始终是现在。[①]

正如克默德[②]所说，这里最重要的是“把艺术作品看成审美单元，看成一种高于科学却不同于科学认知模式之产物的象征主义概念”。《四首四重奏》从很多方面来说都是斯特凡·马拉
59 梅[③]想要写成的象征主义诗歌。

现代主义顿悟或许有些神秘，但它全然无须具备神学性质，让-保罗·萨特在写于1931—1936年、出版于1937年的《恶心》（*La Nausée*）中就证明了这一点。和伍尔夫及艾略特一样，他也把艺术看作一种秩序的模型，这是通过他的叙述者、当地的历史学家安托万·罗冈丹的话表现出来的：“对，这就是我以前想要的——唉，也是我仍然想要的。当黑女人唱歌［《有一天》］时，我是多么快活。如果**我自己的生活成为**旋律，又有什么高峰我达不到呢？”[④]因而：

现在我是这样想的：要使一件平庸无奇的事成为奇

① 译文引自赵萝蕤、张子清等译：《T. S. 艾略特诗选：荒原》，北京燕山出版社2006年版，第151—152页。

② 弗兰克·克默德（1919—2010），英国文学批评家。

③ 斯特凡·马拉梅（1842—1898），19世纪法国诗人、文学评论家。

④ 译文引自桂裕芳译：《萨特文集·小说卷1》，人民文学出版社2000年10月版，第48页。

遇，必须也只需**讲述**它。人们会上当的。一个人永远是讲故事者，他生活在自己的故事和别人的故事之中，他通过故事来看他所遭遇的一切，而且他努力像他讲的那样去生活。

然而必须做出选择：或是生活或是讲述。①

最后一句话是存在主义者摆脱现代主义审美生活模型的关键——走向一种自然而然的生活，这成为存在主义者的责任。罗冈丹的“突然心头一亮……我像小说主人公一样高兴”来自一种完全偶然之感，而伍尔夫的感觉却引向一种在玄学上合理的联结感（以及与客体的关系）。在罗冈丹看来：

存在突然露出真面目。它那属于抽象范畴的无害姿态消失了，它就是事物的原料本身，这个树根正是在存在中揉成的。或者说，树根、公园的铁栅门、长椅、草坪上稀疏的绿草，这一切都消失了。物体的多样性、物体的特征，仅仅是表象，是一层清漆。这层漆融化了，只剩下几大块奇形怪状的、混乱不堪的、软塌塌的东西，而且裸露着，令人恐惧地、猥亵地裸露着……

我们是一群局促的存在者，对我们自己感到困惑，我们之中谁也没有理由在这里；每个存在者都感到不安和泛泛 60
的惶惑，觉得对别人来说自己是多余的人。②

① 译文引自桂裕芳译：《萨特文集·小说卷1》，人民文学出版社2000年10月版，第49页。

② 译文出处同上书，第153—154页。

接下来的段落开始说："'**荒谬**'这个词此刻在我笔下诞生了"，与之一同诞生的是战后的存在主义，连同从现代主义宇宙观转向后现代主义宇宙观的道德和政治义务。对现代人来说，它最好的自成一体的方式不过是像一件艺术作品；但对于无神论的存在主义者而言，它是充满讽刺的偶然，除了滑稽之外毫无意义，对人类没什么特别的好处，后者却不得不徒然努力为其提供某种叙事性解释。正如他们在解释阿尔贝·加缪和萨缪尔·贝克特的作品时所做的那样，对于这两位作家来说，人生或许比，也或许并不比罗冈丹在这里总结的更为圆满："一切存在物都是毫无道理地出生，因软弱而延续，因偶然而死亡。"①

所有这些作品都与信仰的社会框架有着重要的连接，但质疑那些框架的志存高远的全盛时期现代主义则极为重视个体的主观人生观的完整性，并几乎完全依赖于它：我们在后文中会看到，这种人生观在1930年代会承受巨大的压力和政治需求的考验，而这些都是存在主义的个人主义竭力反抗的。

现代主义的主人公

在上一节中，我通过三位英语作家追溯了一些顿悟体验，然后又讨论了萨特，暂时转向了存在主义。但是，各个主要欧洲语言的文学事实上都可以用一条非常相似的发展线来表示，例如普鲁斯特《追忆似水年华》中的马塞尔一路发展到最终的启示，通过安德烈·纪德在《伪币制造者》（*The Counterfeiters*）中关于小说创作的自省反思式论述，到萨特；或是从曼的《魂断威

---

① 译文引自桂裕芳译：《萨特文集·小说卷1》，人民文学出版社2000年10月版，第160页。

尼斯》中阿申巴赫最后的梦境，通过《柏林，亚历山大广场》(这部小说受到乔伊斯的《尤利西斯》影响很大)中弗兰茨·毕勃科普夫的经历，到罗伯特·穆齐尔《没有个性的人》(*The Man without Qualities*)中可能但未曾付诸笔端的结尾中乌尔里希的幻想。 61

这类发展是很多现代主义作品的核心，特别是对其中的很多主人公所表现的那种不同凡响的英雄主义主观意识尤其如此：因此，举例而言，《魔山》中汉斯·卡斯托尔普的哲学困惑便是通过一次类似梦境的对暴风雪的体验这种形式得到解答的。

这最后的梦境取自尼采的《悲剧的诞生》，是局限在某一特定时刻的一种幻象，斯特恩[①]称之为“平庸生活边缘地带上的特权时刻”。在思考过他听到的论调(曼以特别字体为我们标示出来)“**为了善良和爱情，决不能让死亡主宰自己的思想**”[②]之后，他有所体悟。但这是他在对自己梦境般经历进行数次思考之后的总结，其间，“即使做梦的内容各不相同，我们做的梦都是无名的，都有其共同之处。你只是其中小小一部分的伟大的灵魂，也许只是通过你而按照你的方式，梦见灵魂所一直暗暗地梦寐以求的事物。”[③]人性中有被理性主义所忽视的一面，而卡斯托尔普在风雪中看到了那一面。“人是对立面的主宰”，因为“对立面只有通过人而存在，因而人比对立面高贵”[④]，这个总结与叶芝的《幻象》第十三相非常相似。最终，在卡斯托尔普于弗兰德斯战场上被历史打倒之前，他站在了自由人文主义者塞塔姆布里

① 约瑟夫·彼得·斯特恩(1920—1991)，捷克裔英国学者，德国文学权威。
② 译文引自钱鸿嘉译：《魔山》，上海译文出版社1991年1月版，第703页。
③ 译文出处同上书，第700页。
④ 译文出处同上书，第702页。

尼那一边：人生是我们自己的解读。它没有什么隐而不宣或超凡绝圣的意义来源。

亨利·詹姆斯当然是这一实践举足轻重的先行者，他的小说《一位女士的画像》《使节》和《金碗》中都有一位困惑不已却
62 又颇有头脑的男性或女性主人公。但斯蒂芬·迪达勒斯、布卢姆夫妇、穆齐尔以反讽笔触描述的“没有个性的人”，以及我们在后文中会看到的艺术内外、文学和绘画中的超现实主义主人公，全都有这种体验。不过他们往往不是行动上的英雄：正如基尼奥内斯[①]所说，马塞尔、卡斯托尔普、布卢姆、特伊西亚斯[②]、雅各布、达洛维夫人，以及《海浪》[③]中的六个人物都存在着“意志的缺失”。他们往往是“沉思、被动、无私而宽容的目击者”。正如查尔斯·拉塞尔[④]所说：

> 就主题而言，现代主义小说呈现的人物始终要面临一种混乱的、或许是无意义的环境，就像海明威、伍尔夫、穆齐尔和贝克特的人物那样；他们无路可退，唯有个人英雄主义、无情的感受，或濒危的意识。

在卡夫卡的《诉讼》中，我们陷入主人公K的主观反应中，如幽闭恐怖般无法脱身；他在显然荒谬但实际上致命的世界中挣扎时，我们对他面临的现实的真实性质毫无宽慰或放心之感。

---

① 里卡多·基尼奥内斯，文学批评家，美国克莱蒙特·麦肯纳学院文学荣休教授。
② 纪尧姆·阿波利奈尔的超现实主义戏剧《特伊西亚斯的乳房》（1917）的剧中人。
③ 首次出版于1931年，是弗吉尼亚·伍尔夫最具实验性的小说。
④ 美国罗格斯大学英语系教授，著有《诗人、先知与革命者》等。

他对身边所有这些所谓“合法”程序困惑不解，又听天由命，这成了他头脑中令人恐怖的固化观念，以至于当戴着大礼帽的刽子手来抓他时，他只能决心“直到最后一刻保持冷静”。他在一个“小采石场”被人用刀刺死了。

> 现在帮忙还来得及吗？是不是有人提出了过去被忽略了的，然而有利于他的论点？这样的论点肯定应该有。虽然世界上的逻辑是不可动摇的，但它无法抗拒一个想活下去的人。他从未见到过的法官在哪里？那个他永远无法企及的高级法院又在哪儿？①

在很多人看来，他的反应已然替代了20世纪官僚和政府的不公正以及种族迫害所引发的所有愤怒和困惑。还有耻辱。K死时，“意思似乎是，他的耻辱应当留在人间”。我同意基尼奥内斯的看法：

> 这些复杂的中心意识的产生构成了现代主义的主要成就之一，这种成就在若干方面都是划时代的。在这些人物 63
> 以及他们感知的模式中，我们获得了在未来大约40年——跨越两代人以上的这段时间——我们的文化的知性形式。我们获得了20世纪的人的形式。

布卢姆所见有很多的确要归结为现代性：他像普鲁弗洛克和休·

① 译文引自章国锋译：《卡夫卡全集·第3卷·诉讼》，河北教育出版社1996年12月版，第183页。

塞尔温·莫伯利[1]，甚至达洛维夫人一样，都是"记录体验的多样性、变迁、穿插、同步性和无序性的绝佳工具"。

现代主义者们这种对意识的关注也包含了比这大得多的对性反应的关注——从而导致很多现代主义者遭遇到书刊审查的问题，特别是D. H. 劳伦斯，他力求用一种他自认为全新的方式来表现身体（为此他不得不发明一种新的——并且相对朴素的——语言，直到他写完《查泰莱夫人的情人》故事的第三版）。劳伦斯认为这种新的主观主义可以触及真理，摆脱文学传统中即便最伟大的部分也难免会出现的虚伪的道德模式。他在1914年6月写给爱德华·加尼特[2]的信件中发表了著名的意向声明，说自己被未来主义运动的领军人物马里内蒂所打动，而他志在揭示"物质的直觉生理"，因为：

> 比起老派的人性因素——也就是让作家在特定的道德模式下构思人物并让他有始有终的东西，我对人性中的医学，也就是非人性的部分更感兴趣。屠格涅夫、托尔斯泰和陀思妥耶夫斯基笔下的特定的道德模式恰是我反对的东西。

他在这里关注的焦点是女性的性反应：

> 我不太关心女人的**感觉**——就这个词的普通含义而言。那意味着要存在一个**自我**来体会。我只关心女人是什么——根据"女人"这个词的用法，那个无人性的、生理的、

① 庞德1920年同名长诗的主人公。

② 爱德华·加尼特（1868—1937），英国作家、批评家和文学编辑。

物质的她是什么：但于我而言，是作为现象（或是代表了某种更强烈的非人性意志）的她是什么，而不是根据人性的观念，她的感觉是什么。

因此：

绝不要在我的小说里寻找人物那种老派稳重的**自我**。另有一种**自我**，这一自我的行动让个体依稀难辨，仿佛经历了各种同素异形状态，需要用一种比我们惯常使用的更加深刻的意识，才能发现它们只是同一种绝无改变的元素的不同状态而已。

劳伦斯的好友、批评家米德尔顿·默里因此在对《恋爱中的女人》这部小说的评论中声称，他无法分辨小说中的不同人物（他本人便是其中一个人物的原型）。但这以某种方式证实了劳伦斯探索一个身体内部的不同人格这一写法的原创性：尤其是他在《虹》中对主人公厄秀拉与刻板的保皇党、穷兵黩武的斯克里宾斯基做爱时发生之冲突的高度象征化的描写。

他稍稍挣动了一下，但还是用尽全力抱住她，要得到她。厄秀拉一直在灼烧，像盐粒坚硬发亮，难受极了。而斯克里宾斯基则感到自己的肉体难以抑制地在燃烧，在销蚀，似乎中了使人萎靡憔悴的毒。不过他还是坚持着，认为最终他可以制服厄秀拉。甚至在狂乱中，他还用嘴去寻找厄秀拉的嘴，虽然此举就像把脸伸入可怕的死亡之中。

厄秀拉让步了。他猛地一吓使劲贴着她，心灵发出了痛苦的呻吟：

“让我来，让我来吧。”

在接吻中厄秀拉接受了他，并把自己硬邦邦的吻戳在他的脸上，月光似的生硬刺人，令人憔悴……厄秀拉的得胜
65 意识清晰明朗……[①]

斯克里宾斯基的“让我来吧”在1915年的初版中被审查删除了，确实有很多人谴责它“对我们的健康造成了比任何传染病更大的威胁”，并以猥亵罪提出公诉，要求此书下市。劳伦斯的基本问题在于表明其女主人公对生活的反应的发展是绝对“生理性的”，因而深入到了通常的意识水平之下。如有必要，可以用象征手法唤起，如小说结尾处，厄秀拉最终与马群相遇的顿悟一刻，就使用了象征手法。因此，她发现爱情不止是性觉醒[第11章]，或堕落的机械社会的自我陶醉[第12章]，或人际关系中的理想主义[第13章]，或死水一潭的家庭温暖[第14章]，甚或只涉及部分自我的“神秘的性狂喜”[第15章]。这里的表达方式并非本内特等人的现实主义，而是一种幻想的象征主义，因为厄秀拉经历了青春期的恋爱、女同性恋的爱慕，担任了两年的小学教师，一次取消婚约，三年的大学生涯，以及流产，所有这些都是自我实现的轨迹的一部分——这具有重要的现代主义价值，并且就厄秀拉力所能及的范围而言，绝不屈服于任何政治或制度的力量。

① 译文引自毕冰宾、石磊译：《劳伦斯文集·4·虹》，人民文学出版社2014年版，第316—317页。

在性爱领域，劳伦斯必须在不依靠纯粹的外部身体描写和色情类陈词滥调的前提下做到这一切；这是他面临的独特挑战，例如在《恋爱中的女人》的“出游”一章，他本可描写一番主人公伯金和厄秀拉的肛交。这种从占有主导地位的男性视角所描写的性交画面，其道德劣势频频受到女性主义批评家的指责。但正是这部小说在技巧上的成就［与温德姆·刘易斯在他暴力和大男子主义得多的作品《塔尔》（*Tarr*，1914）中的尝试尤其相似］成为劳伦斯的现代主义的重要元素；他发明了一种常常过于做作、充满诗意、意象性并且带有强烈节奏感的散文风格，倡导人们对性关系采用新的、质疑的态度，即便他使用的词汇偶尔 66
看来相当荒谬可笑。正如朱利安·莫伊纳汉[①]所指出的：

> 一方面要厘清他的“非人性的自我”与社会角色的关系，另一方面又要厘清它们与生命原动力之间的关系，这是一个极其艰巨的任务，劳伦斯的确没有圆满地完成这个任务。其难度部分是技巧方面的；毕竟，劳伦斯不得不发明很多新的审美形式，来揭示现实的新的方方面面，以及本质存在的戏剧性。

就像亨利·詹姆斯躲在他的兰伯特·斯特雷瑟[②]背后一样（在《虹》和《恋爱中的女人》中，劳伦斯则躲在他的主人公伯金背后），我们确凿无疑地看到了这一时期的终极英雄意识是伟大

① 美国罗格斯大学英语系荣休教授，著有《盎格鲁-爱尔兰人：归化文化中的文学想象》等。

② 亨利·詹姆斯小说《使节》中的人物。

艺术家的英雄意识，他们既有联系又有争论、有能力驾驭多种风格和视角，并几乎永远带着一种拯救世界的反讽。艺术家往往是作品中隐藏的主人公［比如普鲁斯特就是独白者马塞尔；乔伊斯就是我们必须追踪的“组织者”；以及纪德的《伪币制造者》和奥尔德斯·赫胥黎的《旋律的配合》（*Point Counter Point*）中的小说家等］。很多现代主义作品也崇尚作者那种显然是百科全书式的、有时还带有些解说性的控制，这一点也都表现在《魔山》、《浮士德博士》、《玻璃球游戏》[1]、《没有个性的人》等作品中（这种尝试有时会遭到引人注目的失败，如《芬尼根的守灵夜》和《诗章》）。

这种百科全书式的控制往往与一种伟大的形式技巧相结合——最著名的恐怕就是乔伊斯的《尤利西斯》了，人们普遍认为这部著作终结了小说这一门类，因为它用尽了技巧上的种种可能。确乎如此，有些人认为，这种形式主义是现代主义的一个重要特质，在某种程度上标志着从体验退回到了纯粹的审美关注。但我已在上文中试图说明，大多数形式实验都有着探索、模仿和认知的目的（即便是旨在通过沉思引发的情绪来彻底改变
67 观者的抽象艺术，也是如此）。然而事实上，大量现代主义艺术都追随亨利·詹姆斯等人的立场，对其艺术规程的应用有着很强的自我意识。

这种形式技巧同样出现在音乐和绘画中，尤其是很多运用主题重复和变化来创作系列作品的现代主义画家。因此，我们可以在立体主义静物画中“读”到连续发展；康定斯基通过一种

① 德国作家黑塞最后一部小说作品。

渐进的抽象为圣经主题发展出很多变化；皮尔·波纳尔[1]专注于妻子玛尔特洗漱或沐浴等家庭场景的变化；当然还有保罗·塞尚与圣维克多山的多次对峙；以及克洛德·莫奈1892—1926年以很多变化的方式赞美他位于吉维尼的花园。所有这些艺术家（更不用说达利等坚持被如此看待的艺术家）都是这类作品背后蕴含的主人公；显而易见，例如在毕加索的《沃拉尔系列》蚀刻版画中，作于1933—1934年的46幅是关于“雕塑家工作室”的，讲述了一个创作过程的故事。其中很多以一种自成对照的描述风格表现了一个人在已经完成的一座雕塑前沉思的场景。毕加索通过绘制来思考雕塑，因而在这一序列中精心创作了一个前基督教时期、异教徒的田园牧歌式的性神话，这就是他自己的创作环境。其中一幅版画描述了一个颇具古典美的女人看着一件超现实主义雕塑作品，那是用球、一个坐垫和桌腿等物制作的；还有的画了一个替代了艺术家的奥林匹斯山的天神或英雄——在一幅蚀刻版画中，他是拜倒在美惠三女神脚下的河神。在这个序列中，表现风格多种多样，全都在再现时倾注了爱与幽默，其中很多表现性欲，以现实主义而非抽象的风格描画了性爱的场面，所有的作品都让人觉得艺术家精通各种技巧，这在重要的现代主义者中间非常典型。

除《尤利西斯》之外，使用百科全书式形式规程最为惊人的例子恐怕就要数阿尔班·贝尔格的歌剧《伍采克》（*Wozzeck*）了，这部作品也深受过去的影响。15场戏被均衡地分为3幕，组织成说明、发展、灾祸（以及尾声），从而与奏鸣曲的形式相似。 68

① 皮尔·波纳尔（1867—1947），法国画家，也是后印象派与那比派创始成员。

第一幕有五场角色小品，第二幕组织得像是一部交响乐，第三幕则是一系列音乐元素（主题、音符、韵律、和弦与基调）的创作。贝尔格以无调性的风格，把古典的形式带入歌剧，就像巴洛克和古典时期那样，却没有片刻听来有反讽或新古典之嫌。贝尔格像乔伊斯一样清醒地意识到，发出的每一份乐谱上都彰显着清晰的模式，因而他的底层设计应该被辨认出来，但他同时明白，我们不一定要能够辨认——举例来说——在第一幕第四场的《帕萨卡利亚舞曲》中有21个变调。如《尤利西斯》一样，我们会被情节的戏剧性发展完全吸引住，并为音乐逐渐展露出的充分表达情感的能力所折服。因为整个架构的中心是懵懂无知又有所感觉的伍采克的极其受限、压抑、不善表达并最终陷入疯狂的意识，他显然相信上帝，怀疑自己受到共济会的追杀，因为他的上司——一位医生——强加于他的饮食而产生幻觉；他对罪孽喋喋不休，最终杀死了妻子玛丽，作为对她坚称“动手打我还不如一刀杀了我”的反应。在被她的情人——鼓乐队队长——嘲弄和痛打后，他果然一刀杀了妻子，后来又在企图藏匿凶器时溺水而亡。在这种表现主义的夸张戏剧的外表下，在营造出极大戏剧性和紧张感的音乐中，有一种严格、几乎同样执拗的形式条理性。例如，之所以在第二幕第二场选择三重赋格，就是由该场景的总体性质决定的——所涉的三个人物每一位都陷入自己私人的执念，而三个赋格主题的具体展开也精准地反映了文本和舞台演出的实时要求。的确，正如道格拉斯·贾曼[①]所说：“正是这种技巧精确性和情感自发性的看似矛盾的融合，赋予了贝尔格

① 英国皇家北方音乐学院教授，第二维也纳乐派的国际公认的权威。

的音乐独特的魅力。”1925年在柏林首演后，这部由克莱伯[1]指挥的歌剧风靡全欧，且因为它代表“穷人”（*arme Leute*）强烈抗议 69 残酷和专制的社会秩序而更加举世瞩目。到1934年由博尔特[2]指挥于英国首演之时，这部歌剧已经在德国遭到禁演了。

这一切都是因为坚信这部主观组织的作品的价值，它表达的不止是其特定的审美规范，还有在人物性格方面也尝试实现相应统一和组织的重要性。在他们各自的叙述的最后，斯蒂芬·迪达勒斯可以利用民族主义和宗教之网展翅高飞，卡斯托尔普可以下山，艾略特则可以在他《四首四重奏》高潮的、概括全部主题的结尾走向积极的宗教肯定。这种自反性是现代主义的典型特征，因此其关于高雅文化的主张往往与一个关于人——特别是关于头脑的组织力量——的故事维系在一起，因而很多现代主义的形式主义创作被与科学秩序的发现等量齐观，也就不足为奇了。也正因此，曼、乔伊斯、庞德、纪德、黑塞、劳伦斯、伍尔夫和穆齐尔等人的教化式叙事对于20世纪初期意义重大。

超现实主义

这些趋势在1918年后的一场激进革新的现代主义运动中发展到了一个极端，那就是：

> **超现实主义**，阳性名词。纯粹的精神无意识活动。通过这种活动，人们以口头或书面形式，或以其他方式来表达思想的真正作用。在排除所有美学或道德偏见之后，人们

① 埃里希·克莱伯（1890—1956），奥地利指挥家。
② 阿德里安·博尔特（1889—1983），英国指挥家。

> 在不受理智控制时，则受思想的支配。百科辞典［哲学］。超现实主义建立在相信现实，相信梦幻全能，相信思想客观活动的基础之上，虽然它忽略了现实中的某些联想形式。超现实主义的目标就是最终摧毁其他一切超心理的机制，
> 70 并取而代之，去解决生活中的主要问题。[①]

这是反理性主义针对为错误（理性、服从）的思想力量唱赞歌的压抑文化发起的挑战，不是第一次，也不会是最后一次。安德烈·布勒东[②] 1924年的《超现实主义宣言》（*Surrealist Manifesto*）明确表达了这种意图："我们依然生活在逻辑占主导地位的时代……但从目前来看，逻辑的方法只用于去解决次要的问题。"[③]因此：

> 想象可能正在夺回自己应有的权利。如果我们的思想深度蕴藏着神奇的力量，这种神奇的力量能够增大表面的力量，或者说能够战胜表面的力量，那么我们就应当把这种力量先截留下来，若有必要，再让我们的理智去控制它。[④]

但这如何才能做到呢？我们如何——打个比方吧——达到一种"纯粹的精神无意识"并在艺术中有所发现？超现实主义提供的部分答案是：通过对身体疲劳、药物、饥饿、梦境和精

---

① 译文引自袁俊生译：《超现实主义宣言》，重庆大学出版社2010年11月版，第32页。

② 安德烈·布勒东（1896—1966），法国作家及诗人，超现实主义的创始人。

③ 译文引自袁俊生译：《超现实主义宣言》，重庆大学出版社2010年11月版，第15页。

④ 译文出处同上书，第16页。

神疾病的“科学”探索（从乔治·德·基里科[1]、雅克·瓦谢[2]和雷蒙·鲁塞尔[3]，直到杰克·凯鲁亚克[4]、威廉·S. 柏洛兹[5]、托马斯·品钦等很多人的一个英雄谱系）。很多超现实主义者试图置身于这种调查模式（有时会取得滑稽而非科学的效果，比如罗贝尔·德斯诺斯[6]、马克斯·莫里斯[7]和勒内·克勒韦尔[8]曾经争相进入“催眠性睡眠”状态）。尤金·乔拉斯[9]的《关于夜间的精神和语言的调查问卷》（*Inquiry into the Spirit and Language of Night*, 1938）让我们对这里所涉的主导思想有了很好的了解：

> 1. 你最近的典型梦境（或是白日梦、清醒—睡眠幻觉幻象）是什么？
>
> 2. 你在所处的集体无意识中是否曾观察到任何祖先神话或象征？

第三个问题很可能受到了乔伊斯的《芬尼根的守灵夜》的影响，这本书曾被节选刊登在乔拉斯的杂志《变迁》（*Transition*）上： 71

> 3. 你是否曾感到需要一种新语言来表达你的夜间思想？

---

[1] 乔治·德·基里科（1888—1978），意大利超现实画派大师。

[2] 雅克·瓦谢（1895—1919），安德烈·布勒东的好友。

[3] 雷蒙·鲁塞尔（1877—1933），法国诗人、小说家、剧作家、音乐家。

[4] 杰克·凯鲁亚克（1922—1969），美国小说家、作家、艺术家与诗人，也是垮掉的一代中最著名的作家之一。

[5] 威廉·苏厄德·柏洛兹（1914—1997），美国小说家、散文家、社会评论家。垮掉的一代的主要成员。

[6] 罗贝尔·德斯诺斯（1900—1945），法国超现实主义诗人。

[7] 马克斯·莫里斯（1900—1973），法国艺术家、作家、演员。

[8] 勒内·克勒韦尔（1900—1935），法国作家，参与过超现实主义运动。

[9] 尤金·乔拉斯（1894—1952），法裔美国作家、翻译家和文学批评家。

对此，T. S. 艾略特回答道："事实上，我对我的'夜间思想'不怎么感兴趣。"

路易斯·布努埃尔[1]曾记述过他和萨尔瓦多·达利一起为《一条安达鲁狗》（*Un chien Andalou*, 1929）（图9）撰写剧本提纲，这是早期超现实主义理论付诸实践的一个欢快热闹的例子："一天上午，我们把自己的梦境告诉对方，我决定，我们想要拍的电影就以它们为基础。"他们知道自己"需要找到一个情节"。那部电影真的即将开启超现实主义影像了，因为任何形式的理性秩序都绝无可能。"达利说：'昨天晚上我梦到我的双手上爬满了蚂蚁。'我说：'我梦到我把某人的眼球切成了两半。'"那

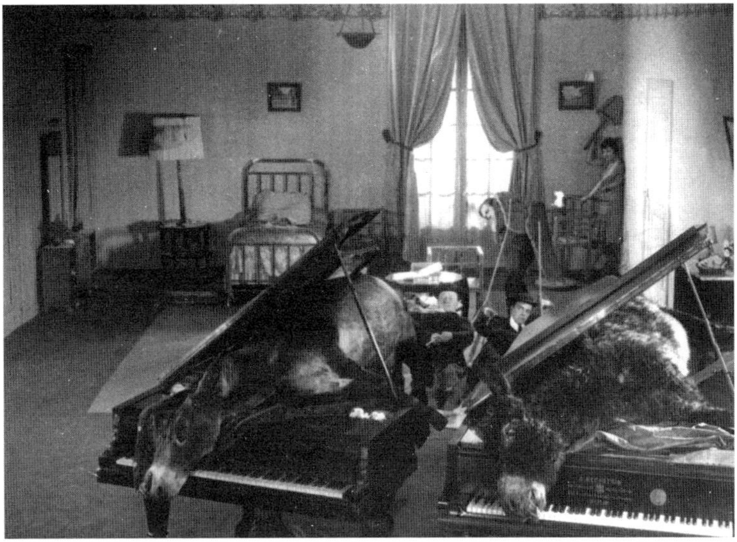

图9 萨尔瓦多·达利/路易斯·布努埃尔，《一条安达鲁狗》（1929）。比起手术台上的雨伞和缝纫机那个著名的超现实主义范例，这个场景要风趣得多

① 路易斯·布努埃尔（1900—1983），西班牙国宝级电影导演、电影剧作家、制片人。

就是电影开始的情节。不过两人都在主动克制意识形态的影响:“我们写作的方式是记录下进入脑海的第一个念头,抛弃所有 72
那些似乎带有文化或教养痕迹的想法。”出乎意料和摆脱压抑是主要标准——因为这些,才有了钢琴上的驴子这个绝妙的场景。

> 例如:面对想要袭击她的男人,女人抓住了一个网球拍自卫。于是他环顾四周,想找东西还击,(此时我对达利说)“你看到了什么?”“一只飞翔的蟾蜍。”“糟透了!”“一瓶白兰地。”“不怎么样!”“好吧,我看到两条绳子。”“这就对了,但除了绳子还有什么?”“他在拉绳子,然后掉下去了,因为下面有很沉的东西。”“嗯,掉下去这个想法很不错。”“绳子上拴着两只晒干的大南瓜。”“还有什么?”“两个圣母会修士。”“对,两个圣母会修士!”“还有什么?”“一座加农炮。”“不好!应该是一把豪华扶手椅。”“不,一架三角钢琴。”“好极了,三角钢琴上有一头驴……不,两头腐烂的驴。”“太棒了!”

布努埃尔后来受邀去见超现实主义的领军人物布勒东,后者告诉他自己看过了那部电影,很喜欢。但是:“那是一桩丑闻。资产阶级都很仰慕你……你现在要做出决定,到底站在哪一边?”如今这听来像是个玩笑,“但这简直就是**悲剧**。接下来的几天,我认真考虑过自杀”。

审视一个简单的超现实主义物体,比如梅雷·奥本海姆[1]

---

① 梅雷·奥本海姆(1913—1985),瑞士超现实主义艺术家、摄影师。

1936年制作的毛皮茶杯，作品的标题是《客体：裘皮的早餐》[*Objet: déjeuner en fourrure*，这是布勒东为它起的标题，为了让人们想起爱德华·马奈的画作《草地上的午餐》(*Le déjeuner sur l'herbe*)和利奥波德·范·萨克–马索克[①]的著作《穿裘皮的维纳斯》(*Venus in Furs*)]。托盘、茶杯和勺子(全来自一价商店)都覆盖着毛皮。在弗洛伊德的语境中，它被看作女性生殖器的令人失望的替代品，这毫不奇怪。弗洛伊德在他有关恋物癖的著作中，写过“一种对目睹阴毛的固恋，随之而来的本该是渴望看到女性的阴部”。在他看来，女性缺乏这种固恋便会导致阳具
73 妒羡。无论我们是否相信这种理论有事实根据，都可以据此把超现实主义物体看作象征范畴的越界者，被布置成“常见之物的疯狂形式”。因此，奥本海姆的《我的护士》(*Ma Gouvernante*, 1936)(图11)在真实层面和隐喻层面上组合了鞋，羊排，恋足癖，束缚，鞋面朝下、两腿(鞋跟)撩起的挑逗意味，阴道的意象，如此等等。艺术家后来说，这个作品让她想到了在寻欢作乐时紧紧挤在一处的大腿。曾在1934年与她有过一段婚外情的马克斯·恩斯特把妻子的白鞋送给她，供她完成了原始版本。但1936年该作品在巴黎展出时，恩斯特夫人把它砸了。

超现实主义艺术产生了很多这种令人困惑的隐喻性变形，例如，在勒内·马格里特[②]的很多作品中都可以找到这种变形：在其中的一件作品[《红色模型》(*Le Modèle rouge*)]中，一双靴
75 子变形为人的双脚，产生了令人不安的效果，无疑在提醒我们，

① 利奥波德·范·萨克–马索克(1836—1895)，奥地利作家，以描写加利西亚生活的文章和浪漫小说在其所处年代闻名。

② 勒内·马格里特(1898—1967)，比利时超现实主义画家，因其超现实主义作品中带有些许诙谐以及许多引人深思的符号语言而闻名。

图10　萨尔瓦多·达利,《阴郁的游戏》(1929)。该画作自称是一部性个案史

它们不过是两种不同的毛皮。从心理学角度被分析得最详尽的超现实主义画作，并因为它最容易辨认的梦幻现实主义形式而最受欢迎的，是达利的作品；他在1919年加入了超现实主义运动，同年创作了《阴郁的游戏》（*Le jeu lugubre*）（图10），画中有溅满屎的短裤和暗示着手淫的大手。标题是诗人保尔·艾吕雅[①]建议的。这是达利当时专注的性欲和性欲倒错思考的“一部名副其实的合集”（他的传记作家伊恩·吉布森的话），其中包括“粪便、阉割、手淫（巨手与成群的蚂蚁）、阴户、形似达利父亲的头像，以及无数的其他细节”。

大多数超现实主义作品对性欲的看法都是神经质、残缺、焦虑的，往往并不特别明白易懂，尽管最终的精神分析解释对其寄

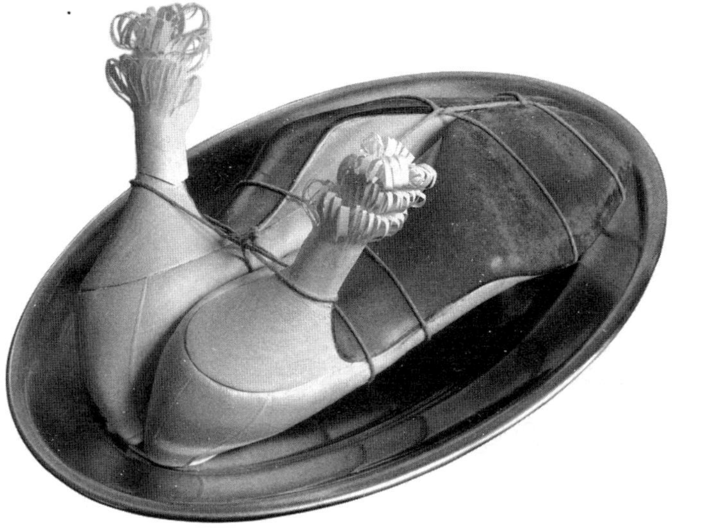

图11　梅雷·奥本海姆，《我的护士》（1936）。作为色情和变态的隐喻的超现实主义物体

① 保尔·艾吕雅（1895—1952），法国诗人，超现实主义运动发起人之一。

予厚望。大部分超现实主义活动因而专注于煽动性的、反资产阶级的性解放。人类意识的变化也会导致社会的变化。但在布勒东1929年发表其《第二宣言》（*Second Manifesto*）时，他已经皈依了马克思主义，因而他从前说什么弗洛伊德式的梦境并不认可矛盾，这时却不得不说在黑格尔学派马克思主义的意义上，超现实主义作品有助于化解矛盾。因此，目标（对于一直到后现代时期的很多法国知识分子来说的确如此）就变成了在弗洛伊德和马克思之间达成和解（这或许是为赫伯特·马尔库塞[①]等人1960年代的解放运动提出的最令人信服的理由）。很多超现实主义者因而挪用了批评的现代精神所创造的两种极端的批评意识形态——马克思主义和精神分析——并运用它们来攻击性压抑和政治异化。因此，超现实主义艺术便完全可以作为一种高度个性化的讽喻，象征着弗洛伊德体系和资本主义社会内部的冲突和紧张。

超现实主义思想也符合诗歌中长期存在的非理性主义传
统，这一传统始自阿蒂尔·兰波[②]，经由达达主义运动的诗人们， 76
并通过威廉·卡洛斯·威廉斯的《地狱里的柯拉琴》（*Kora in Hell*）、鲍勃·迪伦的《狼蛛》（*Tarantula*），以及约翰·阿什伯里[③]和哈特·克莱恩等人的作品，强势进入美国的绘画和文学传统。布勒东承认，超现实主义并未真正在英国流行起来，因为在乔纳

① 赫伯特·马尔库塞（1898—1979），德国哲学家、社会学家和政治理论家，法兰克福学派的一员。

② 阿蒂尔·兰波（1854—1891），19世纪法国诗人。他是个无法被归类的天才诗人，创作时期仅在14—19岁，之后便停笔不作。

③ 约翰·阿什伯里（1927— ），美国诗人。他出版过超过20卷诗集，赢得了美国几乎所有的主要诗歌奖项，包括以诗集《凸面镜中的自画像》获1976年普利策奖。

森·斯威夫特、霍勒斯·沃波尔[1]、安·拉德克利夫[2]、"修道士"刘易斯[3]、爱德华·利尔[4]和刘易斯·卡罗尔[5]等人的作品中已经可以看到这种思想。它的创新属性与其内容的逻辑而非形式上的技巧有关，哪怕它使用了一切常见的现代主义手法。它提出的问题超出了现代主义的范畴：我们如何以"非逻辑"的方式交流？直接诉诸情感或"原始直觉"是否可能？对于那些能够增进我们知识的作品，我们应该尝试解读或意译，还是原封不动地"接受"？（不过华莱士·史蒂文斯认为，"超现实主义的根本错误在于它只是发明，却毫无发现"。）

所有这些问题让我们开始思考（有别于想象的）幻想在我们的生活中所起的作用。应用弗洛伊德对社会行为的分析，并将其与超现实主义意象相结合的最有趣的尝试之一，是W. H. 奥登最为现代主义和最具实验性的作品——1932年的《演讲者》。他认为，所有的疾病都有心理原因和道德象征意义（因此，如果克里斯托弗·衣修伍德[6]嗓子疼，那就是因为他说谎了）。在他写于1929年的《关注》（"Consider This"）中，出于心理和政治原因，资产阶级注定灭亡，此诗所蕴藏的思想是马克思主义的，即资本主义社会必将因其自身内部矛盾的重压而土崩瓦解：

---

① 霍勒斯·沃波尔（1717—1797），英国艺术史学家、文学家，辉格党政治家。

② 安·拉德克利夫（1764—1823），英国作家，哥特小说先驱。

③ 本名马修·格雷戈里·刘易斯（1775—1818），英国小说家、剧作家，以1796年的哥特小说《修道士》而闻名于世。

④ 爱德华·利尔（1812—1888），英国艺术家、插画家、音乐家、作家和诗人。

⑤ 本名查尔斯·路特维奇·道奇森（1832—1898），英国作家、数学家、逻辑学家、摄影家，以儿童文学作品《爱丽丝梦游仙境》闻名于世。

⑥ 克里斯托弗·衣修伍德（1904—1986），英国小说家，作品多以同性恋为主题。

那一天的到来会比你们预想的稍迟一些；
它已迫近，与那个邈远的午后截然不同；
那时，在礼服的窸窣声和跺脚声中，
他们已为堕落少年们颁发了奖品。
你不能退场，不，不能，
即便你拾掇好行李、一小时后就要动身，
哼着曲子，这就要逃到主干公路上： 77
那个日子曾属于你们；神游症、
不规则呼吸和交替支配的受害者，
历经了某段焦虑的漂泊岁月，
在癫狂爆发的瞬间已开始分崩离析，
或就在某种典型性疲劳中永久地沉沦。[1]

通过把心理疾病解读为具有道德和政治的象征意义，奥登的诗歌把对个人的分析与整个社会联系起来，支持对现有制度的反抗，并造就了一种高高在上的拟临床形式，把道德抽象诠释得既具体又生动。在《演讲者》中，他进一步发展了这种意象，使之成为对革命的超现实主义叙述：

动员的第一天。

在事先安排好的零时，因为关节炎而弯成弓形的遗孀在圣腓力座堂的台阶上站直身体，发出了进攻的信号。开始的下流电话轰炸在不超过两个小时的时间里便摧毁了士

① 译文引自马鸣谦、蔡海燕译：《奥登诗选：1927—1947》，上海译文出版社2014年5月版，第54页。

> 气，此前因无线电控制的乌鸦和纸牌预告他们失败，士气就已经被削弱了。装备了钢丝钳、扳手和臭气弹的突击部队渗透到大街小巷，按掉所有的闹钟，拧下盥洗室的水龙头，从厕所拿走了广告和报纸。《信使报》报社首当其冲。一篇指控名流们纵火、卖官鬻爵、私铸钱币、在政府机构打盹、从事间谍活动、家有丑事、又拿又赌、发表异端邪说、有意欺诈地作伪证或指使他人作伪证、崇尚侵略主义、家务不整、游手好闲、精神折磨、任人唯亲、手淫、公海抢劫、愚妄、宵禁时嬉闹、阴谋破坏、喝茶、有悖伦常地侵犯未成年人、相貌凶恶、野心勃勃、生性怯懦的社论及时出现在家家户户丰盛的早餐桌上。

78 这段文字戏仿了德军在第一次世界大战之前所写的动员方案，鲁登道夫将军[①]在其《即将来临的战争》(*The Coming War*, 1931)中就是这个调调。但奥登很快便对超现实主义手法产生了怀疑。在《新诗》(*New Verse*)杂志1936年6/7月刊中，他化名"约翰牛"问道："自动演示……被压抑的材料，这到底有何特别革命性的价值？"以及是否所有这类材料都具备"同等的艺术价值"，因为"从你自行决断或是社会允许你畅所欲言的那一刻起，缺乏压力就会让你的材料丧失形式"。并且，如果超现实主义者拒绝理性，他们又如何能让自己的立场与共产主义和精神分析相一致呢？后二者毕竟都是理性的体系。无论如何，在奥登看来：

① 埃里希·鲁登道夫(1865—1937)，德国将军，第一次世界大战时的重要主将。

> 心理学——或就这一点而论，艺术——的任务不是教给人们行为规范，而是要把他们的注意力引向客观无意识试图告诉他们的事情，通过增进他们关于善恶的知识，使他们能做出更好的选择，逐渐为他们的命运负起道德上的责任。

虽然如上所述，布勒东认为我们最终或许都不得不放弃“心灵的深度”而屈服于“理性的控制”，但极少有超现实主义者愿意或能够像奥登那样，把对幻想的研究与严肃的道德分析结合起来。 79

第四章

现代主义与政治

生活方式将具有富于变动的戏剧性。中等类型的人也将达到亚里士多德、歌德、马克思的水平。在这一山脉上将耸起众多新的高峰。[①]

列昂·托洛茨基,《文学与革命》(1923)

如今这个崭新的时代影响着一种崭新的人类。男人和女人都会更加健康强壮:对生活有了一种新的感觉和新的喜悦。人类的外表和心境从来没有像今天这样接近古代世界。

阿道夫·希特勒,“伟大的德国艺术”展览开幕式上的讲话,1937年于慕尼黑

个体与集体

安德烈·布勒东试图在超现实主义运动的成员中注入一种

① 译文引自刘文飞、王景生、季耶译:《文学与革命》,外国文学出版社1992年6月版,第240页。

共产主义纪律，哪怕这意味着要接受政党的路线。1926年初，他和路易·阿拉贡[1]及保尔·艾吕雅一起加入了共产党，到1926年11月，菲利普·苏波[2]和安托南·阿尔托[3]就因违反纪律而被开除出超现实主义运动。1929年，布勒东和阿拉贡发表了一封致76名超现实主义者与潜在同情者的联名信，询问他们是否愿意参加集体活动。根据回复，阿尔托被再次开除，同时被开除的还 80
有乔治·巴塔耶[4]（他说"理想主义混蛋太多了"）和罗贝尔·德斯诺斯（"所有的文学和艺术活动都是浪费时间"）；罗歇·维特拉克[5]和雅克·巴龙[6]则同属留下的56个受邀者之列。新的政治事态在同年发表的《超现实主义第二宣言》（*Second Manifesto of Surrealism*）中正式规范下来，这导致了通过发表宣言来表达的原则分歧和谴责以及派系的变化，情况极其复杂。

这样一来，本书第三章中讨论的那种英雄主观主义象征论就受到了极大压力，不仅是在超现实主义运动内部如此，在大众中间也是一样。恰在这时，我们开始看到关于现代主义时期英雄类型的竞争激烈的主张。一种要求"现实主义"和"客观性"的集体政治心理受到拥护，战胜了超现实主义者以及现代主义全盛时期的大多数其他作家和艺术家那种个性化、审美化倾向的个人主义。这一冲突带来了恐怖的后果——例如，莫斯科公

---

① 路易·阿拉贡（1897—1982），法国诗人、小说家、编辑。1924年发表超现实主义理论著作《梦幻之潮》，1931年与超现实主义者决裂，晚年重回超现实主义。

② 菲利普·苏波（1897—1990），法国作家、诗人、小说家、批评家、政治活动家，在达达主义运动中十分活跃。

③ 安托南·阿尔托（1896—1948），法国诗人、演员和戏剧理论家。

④ 乔治·巴塔耶（1897—1962），法国哲学家，被视为解构主义、后结构主义、后现代主义先驱。

⑤ 罗歇·维特拉克（1899—1952），法国超现实主义剧作家和诗人。

⑥ 雅克·巴龙（1905—1986），法国超现实主义诗人。

审[①]就表明，从某种结局预先确定的革命史角度来看，人类个体的行为是如何被“客观地”认定为资产阶级反革命集团的行为，完全独立于他们作为个人可能会有的任何自觉意图。

阿瑟·库斯勒[②]的小说《中午的黑暗》（*Darkness at Noon*，1940）的情节是以在苏维埃监狱里等待死亡的布尔什维克鲁巴肖夫的受审和私下的想法为中心展开的。他知道“党是历史上革命思想的化身。历史不知有什么顾忌和犹豫”。[③]他后来在日记里写道：

> 不久以前，我们著名的农学家B同他的三十个同案犯一起被枪决了，因为他坚持这样的看法：人造硝酸肥料比钾碱优越……板球–道德派是因为另外一个完全不同的问题才激动的：B提出硝酸在主观上是不是出于诚意……这，当

81 然完全是胡说八道。对我们来说，主观诚意问题是无关紧要的。凡是错误的人都必须付出代价；凡是正确的人都可以得到赦免。这是历史信用的法则。这是我们的法则。[④]

与这相比，法国超现实主义者被开除就显得微不足道了。但这里涉及一个关乎现代主义艺术家与大众文化之间关系的一般性问题，这个问题非常重要。

---

① 1930年代苏联大清洗时期由斯大林主导的一系列“作秀公审”。此次审判的受害者包括大部分健在的老布尔什维克，以及苏联秘密警察的领导层。此次审判的目的是消灭老布尔什维克等对斯大林的统治构成威胁的任何潜在的政治对手。

② 阿瑟·库斯勒（1905—1983），匈牙利犹太裔英国作家、记者和批评家。

③ 译文引自董乐山译：《中午的黑暗》，作家出版社1988年11月版，第46页。

④ 译文出处同上书，第104—105页。

我一直都认为实验艺术倾向于推动增进认知这一终极现实主义目标，但在格奥尔格·卢卡奇这样一位马克思主义批评家，以及温德姆·刘易斯这样一位反柏格森哲学的人［在其《时间与西方人》（*Time and Western Man*，1927）中的确如此］看来，这实在是缘木求鱼。1930年代末期，卢卡奇思考着卡夫卡的文学，提出现代主义者把社会现实变成了噩梦，充满忧虑又荒谬无比，从而让我们彻底丧失了洞察力。他声称，文学必须批判性地利用资产阶级遗产，因此对于何为“正常”必须有一个明确的社会-人文概念，据他所言，这恰是现代主义所谴责的东西。在他看来，现代主义未能创造出可信而持久的“类型”，却美化了反人文主义和变态行为。他为19世纪现实主义辩护，说现代主义者破坏了——因此而偏爱马克西姆·高尔基、托马斯与海因里希·曼，以及罗曼·罗兰等作家，因为对艺术模式的检验应该是政治——在马克思主义者卢卡奇看来当属“进步”的趋势：“当今文学的进步趋势是什么？现实主义命悬一线。”

> 举例来说，对比一下托马斯·曼的“资产阶级改良”和乔伊斯的超现实主义吧。两位作家都生动再现了其笔下主人公头脑中的崩溃、中断、决裂和“罅隙”——布洛赫[①]非常正确地认为这是生活在帝国主义时期的很多人的典型心态。

卢卡奇在此提前进行了后代的“西方马克思主义者”提出的对意识的解构主义分析，但事实上真正重要的，不仅仅是他在 82

① 恩斯特·布洛赫（1885—1977），德国马克思主义哲学家。

这里没有这样看到一个事实：《尤利西斯》中唯一真正的超现实主义章节（“喀耳刻”）很滑稽、使用的是一种虚假的精神分析方式，且对主要主人公都持高度批评的态度。重要的是这里暗含的对（像本书这样的）独立批评话语的不屑一顾，而青睐集体评判（事实上通常是由“党”来阐明的），因为“广大群众……从先锋文学中学习不到任何东西，因为它对现实的看法如此主观、混乱和丑陋”。作为一种获得认可的传统技巧，对现实主义的这种“学习”是必需的，与社会的“正确”联系也是必需的：

> 对于作家来说，与文化遗产有着活生生的关系，就意味着要做人民的儿子，跟着人民的发展脚步顺势而为。在这个意义上，马克西姆·高尔基就是俄罗斯人民的儿子，罗曼·罗兰就是法国人民的儿子，而托马斯·曼就是德国人民的儿子。

埃里克·考夫曼[①]把现代主义的崛起定义为“文化个人主义的伟大世俗运动，扫清了1880年以来的高雅艺术和文化，并渗透到社会各个阶层，从而在1960年代解放了人们的观念”。如我们所见，事实大致如此；不过在现代主义实验先锋派内部，也有些艺术家倾向于相反的集体主义方向（如在早期的一体主义运动中，以及未来主义的某些原始法西斯主义的方面）。但当我们在1930年代进入政治紧张期后，所有艺术家都面临着日益严峻的两难困境：应该选择内省、个人的坚持己见和表达，还是选择集体主张。尤其有趣的是，某些人试图在实验性的个人主义传

① 埃里克·考夫曼（1970— ），英国伦敦大学伯克贝克学院政治学教授。

统与其所支持的集体政治行动之间进行调和。例如，戴 刘易斯认为，诗人“敏锐地意识到个体在当前的孤立状态，意识到有必要建立一个可以恢复交流的社会有机体”，而乔治·奥威尔则在回顾过去时认为，此事的某些解决之道毫无价值： 83

> 我们突然间走出了众神的黄昏，进入到一种裸露膝盖、集体唱歌的童子军氛围中。典型的文人不再是偏向教会的有教养的流亡者，却变成了倾心共产主义的求知若渴的学童。

权力崇拜

对于这一时期的很多现代主义者来说，他们对团体忠诚的追寻是虚假的——那种追随并非因为渴望与任何具体的社会打成一片，而是因为渴望与某个能够解决其问题的英雄式领袖结为一体。塞西尔·戴-刘易斯也看到了这一点：

> D. H. 劳伦斯的影响再次让问题变得更加混乱复杂了。比方说吧，奥登［在《演讲者》中］专注于寻找“真正强大的人”，从中我们就能看到劳伦斯要求人们在精神上服从伟人的传道：“每个人都说他们想要一个领袖。那么就让他们在灵魂上顺从比他们强大的人吧。”而且虽然这不一定与共产主义理论相矛盾，它却有可能在实践中给诗歌添上一副法西斯主义而非共产主义的腔调。

崇拜“真正强大”的个体，将其作为集体责任的践行者，与法西斯主义的权力崇拜倾向是一致的；D. H. 劳伦斯在其小说《羽蛇》(*The Plumed Serpent*, 1927)中以多种方式欣然接受了这一点，而他的朋友奥尔德斯·赫胥黎则在《旋律的配合》(*Point Counter Point*, 1929)中对其讥讽了一番。

寻找强力领袖倒不怎么吸引贝托尔特·布莱希特，1941年，他在美国写了一出戏，把希特勒写成了一个芝加哥流氓，扼要再现了《三便士歌剧》。他不是唯一一个曾直面个体与社会间的紧张状态、经历了他本人鼓吹向政治权威低头的时期、后来又把
84 政治以大致实验性和现代主义的方式呈现在观众面前(我们在第一章讨论1929年的《三便士歌剧》时看到了这种苗头)的政治作家。在写于1929—1932年魏玛共和国危机时期的那些戏剧中，他发展出一种剧院形式(*Lehrstucke*，即学习剧)，鼓励工人阶级在自己的演出中交替变换社会角色和战术位置来探索至关重要的政治问题。这些是专门由无产阶级观众设计并为其演出的，为的是让他们远离“资产阶级”说教和唯心思想的影响。

《应声虫》(*Der Jasager*)的文本是由伊丽莎白·奥普特曼[1]与布莱希特和魏尔一起由一出能剧(亚瑟·伟利[2]将其译为*Taniko*)改编为“学校歌剧”的。四个年轻人在一次危险的爬山旅行时，最小的孩子生病了。他们该转身回去吗？生病的男孩承认大家应该继续爬山——于是其他三人闭上了眼睛(以便“谁也不比他人更感愧疚”)，把他扔下山摔死了。罗斯[3]评论说，“政治或许可以与希特勒的信条截然相反，但人群中还会有

---

① 伊丽莎白·奥普特曼(1897—1973)，德国作家，自1924年起与布莱希特合作。

② 亚瑟·伟利(1889—1966)，英籍东方学学者及汉学家，在20世纪上半叶扮演了东西方之间的大使。

③ 亚历克斯·罗斯(1968—)，美国音乐批评家，1996年起为《纽约客》杂志工作。

同样的造神运动，同样无视生命的神圣”，特别是在该作品的寓意中：“最重要的是学会顺从。”在柏林和别处的学校，这出戏上演了数百次。

布莱希特同样写于1930年、由艾斯勒[①]作曲的《措施》（*Die Maßnahme*）是另一部示范性的寓言剧，直接描写了拥护政治原则与（言论自由的）道德权利之间的冲突。它还清晰阐明了为个体辩护的文化与由某个政党所赋予的集体身份之间的区别，是这方面的一个重要文本。它以惊人的清晰思路提出的问题超越了早期表现主义戏剧的蒙昧主义心理和超现实主义者诉诸内心的转变（布莱希特没有时间关心这些），尽管他本人有一出戏，即《巴尔》（*Baal*），写的就是一个表现主义诗人。在《措施》里，年轻的中国共产党地下工作者中有一位青年同志因为同情受压迫者而泄露了他们的任务。他得知自己必须死，认了命，85
甚至还为此作了计划。“你们一定要把我扔到石灰窑里去……为了共产主义，它与全世界无产阶级大众的进步是一致的。”汉斯·艾斯勒谱写了巴赫式众赞歌来强化这出戏的恐怖结论：“个人只是整体的一部分。”

希特勒在慕尼黑：纳粹与艺术

在欧洲，纳粹攻击现代主义艺术是“堕落”的，让我们直接看到了实际的政治主张与现代主义艺术宝藏之间的对抗关系。虽然攻击的具体内容主要影响了战前时期的德国，但其所采取的方式却很典型，极权政治即将利用这种方式非常成功地让艺

① 汉斯·艾斯勒（1898—1962），犹太裔奥地利反法西斯作曲家、音乐理论家和社会活动家，德意志民主共和国国歌《从废墟中崛起》的作曲者。

术摆脱主观性和实验性，转而成为表达集体意志的工具。（在苏联的例子中，他们要求艺术摆脱“资产阶级个人主义”和“形式
86 主义”，采取“社会主义写实主义”。）

1937年7月19日，在慕尼黑举办了一场名为“堕落艺术”（*Entartete: Kunst*）的官方展览，随后在德国各地巡展（部分展品见图12）。正如彼得·亚当[①]所指出的：

> 说来也怪，经理们在布展时借鉴了备受鄙视的达达主义。悬挂画框的方式，墙上摹仿涂鸦的激进口号，想要引起轰动的想法本身，所有这些，达达主义者们在很多年前就已经做过了。

图12 图中背景里“堕落的”抽象画是康定斯基的《黑点》（见图4），他的另一幅画作位于右上角

① 彼得·亚当（1929— ），英国电影制作人和作家。

很多纳粹据为己有的“堕落”作品被他们拍卖了，而在被掠夺的其他作品中，有1 004幅油画，以及3 825幅水彩、素描和平面作品后来于1939年3月20日在柏林消防局的院子里被付之一炬。

希特勒在展览开幕式上的讲话颇值得密切关注。他非常清晰地表达了他希望清除的现代主义的方方面面。首先，现代主义意在吸引错误的（世界主义）群体。我强调过的欧洲主义引发了“一种国际共有的经验，从而完全抹杀了关于其与某个民族之间不可分割的关系的任何理解”。其次，它的实验主义不过是“焦躁不安”：“今天是印象主义，明天又是未来主义、立体主义，甚至还可能是达达主义，没完没了。”而对此（也就是其思想的传播）的批评回应也是希特勒清剿的对象，因为“最疯狂最空虚的怪物”启发了“连篇累牍的口号给它们贴上标签”。政府应通过**定义**真实的本质来稳住局势，也就是说，应该要求在“德国艺术”中采纳从民族主义和种族角度上定义的“现实主义”，它“具有永恒的价值，就像一个民族所有的真正有创造性的价值一样”。现代派主观主义的主张，以及它的诸如“内在体验”“强大的精神状态”“坚强意志”“孕育着未来的情感”“英勇的态度”“意味深长的共情”“经历了时代的洗礼”“独创的质朴风格”等“口号”都必须摒弃：“这些愚蠢、虚假的借口，这类噱 87
头或胡言乱语一律不得再说。”布拉克、马蒂斯、康定斯基、基希纳、马克等艺术家也不再被接纳。的确，所有伟大的德国表现主义艺术家都被裁定为堕落的狂人，因为他们通过扭曲人形，“把我国当前的全体人民看作真正卑劣的呆小病患者”。更有甚者，他们“看草地是蓝色的，天空是绿色的，云是硫黄色，诸如此类，或者按照他们自己的说法，他们的体验就是这样”。这与罗杰·弗莱的评价大相径庭。希特勒用来威胁执行他的命令的委婉动词邪恶得骇人听闻："以德国人民的名义，我要禁止这些可怜的不幸之人，他们显然深受眼疾之苦。"因此，"德意志内政部"必须"讨论这种可怕眼疾的进一步恶化（*Verderbung*）是否至少应该受到遏止（*unterbinden*）"，以此作为"对我们文化中最后一丝腐败物发起一场无情的净化战争（*einen unerbittlichen Sauberungskrieg*）"的一部分。他承诺："从现在开始……所有那些彼此支持从而苟延至今的胡言乱语、半吊子艺术家和坏蛋集团，都会被取消和废除（*ausgehoben und beiseitigt*）。"

1937—1944年间，还举办了与之抗衡的八场"伟大的德国艺术"展览。在那些作品中：

> 主题……必须广受欢迎，易于理解。必须有英雄气概，和**国家社会主义**理想保持一致。必须宣布自己坚信日耳曼民族的雅利安理想和人种的纯正性。

这引发了最媚俗的那种古典风格的复兴。一位科隆的批评家如此描述展览的基本主题结构："主题就是工农兵……英雄主题压倒了感伤的主题。伟大战争的经历、德国的山河、工作中的德国
88 男人、农村生活。"

纳粹在这里起到了示范作用，但要论以明确的反个人主义和反自由的姿态打破政治和私人的界线，他们可不是独一无二。布莱希特要求的批判的反思方法（无论它由于诉诸马克思主义和党纪可能会得到多少支持）仍是出自现代主义的意愿，希望把日常现实变形、寓言化和神话化（正如他后来的作品所表现的那

样），因此如果对含混和冲突给予一定程度的容忍，通过解读其隐喻，我们就能确定作品与现实还是相似的。前文讨论的大多数作品也大致如此。这与1930年代法西斯党强加于艺术之上的“真实生活”的要求大相径庭，后者旨在（通过使用最无趣、老套且一目了然的摄影技巧，这一切其实在各种意义上都是虚幻的）以只要你有“正确的信仰”，艺术就可以反映现实观点这一主张来简化这一反思过程。因此就有了如于尔根·韦格纳[1]的《德国青年》（*German Youth*）那样的作品中出现的摄影古典主义和可怕的作态。在该作品中，作为德国母性象征的“美惠三女神”带着年幼的孩子出现在画面左侧，中间是一些童子军式的少年带着鼓和号在纳粹旗帜下歌唱，右边则是三个奇幻的斯巴达裸体青年，两人持矛，一人持飞机模型；在里夏德·施皮茨[2]的《纳粹的崇高愿景》（*Nazi Vision of Greatness*）中，挤满田野的士兵望向太阳，在他们上方的天空中，一群天国的阵亡将士的幽灵飘向空中的一座城堡，很像《绿野仙踪》里的那座，背后升起一个闪闪发光的巨型纳粹卐字章；或是在赫尔曼·奥托·霍耶[3]的一幅画中，正在演讲的希特勒站在一间黑暗房间的讲台上：一小群听众的脸被照亮了，而标题则是《太初有道》（*In the Beginning Was the Word*）。

法西斯和苏联现实主义的技巧通过使用一种看似可靠的技巧，来推行一种被荒唐地理想化的、往往具有伪宗教特征的好莱

① 于尔根·韦格纳（1901—1984），德国画家，国家社会主义时期所谓德国艺术的代表人物。

② 里夏德·施皮茨（1889—1968），奥地利画家。施皮茨的绘画强调客观与现实主义。

③ 赫尔曼·奥托·霍耶（1893—1968），德国肖像和风景画家，纳粹早期党员。

89 坞式的白日梦；它一直企图鼓舞人心，诉诸流行的、大众艺术的集体主义观念。的确，这种文化管理始终都在攻击的，恰恰是对个人评价的依赖：

> 国家社会主义革命是一场思想的革命！它的伟大之处在于推翻了统治我们长达数个世纪的个人思想，并以集体思想取而代之。

这种“集体思想”里没有批评式辩论的立足之地，就像戈培尔在1937年宣称的那样：“艺术批评的废除……与我们的文化生活中以目标为导向的清洗和协调直接相关。”在纳粹看来，应该将现代主义视为一种丑陋的个人主义而废弃，转而采纳他们的现代版本。以和政客们自己的态度一样卑劣粗俗、多愁善感、白日做梦的方式忠实地反映政客们眼中的“新现实”，已经成为德国艺术家的任务。因此，保罗·费希特尔[1]攻击托马斯·曼说：

> 他远离生活，纠缠在自己不现实的世界里，不接触德国的新现实；他还放弃了与生俱来的权利，离开了这个国家……自从出了国，他的演讲和文章与真实的德国及其精神生活便毫无共同之处了。

进步与“批评”

如前所述，绝大部分现代主义艺术都有着自由化和个人主

① 保罗·费希特尔（1880—1958），德国戏剧和艺术评论家、编辑及作家。

义倾向。很多后来的现代主义评论家都曾试图指出为何在他们看来，现代主义艺术的一个核心传统日益成为大致偏左翼的社会批评的一部分。或许现代主义内部有**两个**传统。其一以先锋派为中心，其所理解的“进步”具有黑格尔马克思主义的内涵， 90
即认为历史是朝着社会解放的方向发展进步的（哲学、理论或相关专门术语的入门者即可对其“本质”一目了然）。遵循这一乌托邦传统的艺术家往往会像那些希望清理日常语言、令其更有逻辑、更“科学化”的哲学家一样（比如荷兰风格派运动、包豪斯，以及某些心境下的勋伯格）。其他艺术家则认为不同的艺术语言本来就是社会性的，甚至是一场游戏。他们在艺术群体内外都意识到了竞争的存在——甚至在某种程度上还意识到了与特定制度有关的权力话语的竞争。（这一点尤其适用于那些对妇女解放感兴趣的人。）对这第二个群体而言，革新和进步与各种制度多少并不均衡的历史发展有很大的关系，这些制度涉及包括先锋杂志在内的出版、包括与先锋派团体合作在内的其他类型的批评曝光、新闻观察，及其各自的对抗与合作。无论他们对特定的先锋派团体有多忠诚，他们的背景假设都会围绕着一种制度多元主义展开，这让他们得以在一个意见的辩论空间里茁壮成长，从而拥有最大的求得真理的机会。另一方面，对于极左和极右两派来说，其口号则是忠于信仰意义上的“继续批评”，直至获得压倒性优势；不要落入不事批评的泥潭，与新的社会规范沆瀣一气，也不要在作品的独立性乃至人的自主性这类重大问题上太过容忍。但对于自由主义的中立派来说，有挑战性的全新艺术思想和作品所引起的批评性辩论才是最重要的。

这就是说，在政治中心的周围有无政府主义的、激进的，以及崇尚传统的团体，共同构建了一种宽容的现代主义。以达达主义运动为例，它在早期的示威活动中拒绝任何有组织的意识形态，对自身运作其间的社会制度提出质疑。在很多人看来，这使得达达主义成为激进先锋派的典范，引领着一场“对艺术的反
91 抗”，抨击“艺术体现一种文化的愿景并证明其合理这样一种不加批评的假设”。另一方面，自由资产阶级传统倾向于认为文化的精华等同于艺术的精华，其中包括过去的艺术，历久弥新且始终与当下息息相关（前文论述过这种传统主义者和引经据典的现代主义者的方法）。

如果我们试图理解整个现代主义运动，而不是有选择性地辨别其中的左翼、自由派和右翼倾向并为之辩解的话，这里有待解决的问题恰是先锋的性质。我同意黛安娜·克兰[①]的看法，即近乎所有的先锋艺术，不管左倾还是右倾，在思想上都是先进的，技巧也是创新或实验性的，也都是由“全心致力于打破偶像的审美价值观，拒绝流行文化和中产阶级生活方式”的艺术家创作的。先锋艺术因而成为高雅文化之宏大使命的有机组成部分，并以技巧和审美问题的解决为中心（这与流行文化形成了鲜明对照，后者的方法更加公式化）。我在前文中试图说明，这些解决方案可以让艺术家和受众获得颇有价值的认知收益。因此，在克兰看来，如果一场运动重新定义了审美规范，运用了新的艺术工具和技巧，并重新定义了艺术客体的性质，那么它就是**审美意义上**的先锋艺术。而在**政治意义上**，如果它所体现的批判性社会和政治价值观不同于主流文化，重新定义了高雅和流

---

① 美国宾夕法尼亚大学社会学荣休教授，著有讨论抽象表现主义的《先锋派的变化：纽约的艺术世界，1940—1985》等。

行文化的关系，并对艺术制度采取一种批评的态度［例如，达达主义属于左翼，而艾略特的《标准》（*Criterion*）杂志属于右翼］，那么它就是先锋艺术（也就是说，他看待社会内容的方法是前卫的）。左右两翼的现代主义者都有可能符合这些标准。（就右翼而言，当资本主义的技术发展能够与某个现代化过程相结合时，就出现了包豪斯建筑，这很有代表性）。

很多左翼现代主义评论家认为，他们的倾向是“进步”的（是左翼历史发展观的一部分），而右翼的转向充其量不过是怀 92
旧而已，这倒在意料之中。但是关于先锋艺术，无论左翼还是右翼，不妨问问它们究竟是从某种明确的现代主义意义上来说是进步的，还是只是用当代艺术手段对由来已久（实际上自19世纪以来便是如此）的政治冲突进行了历史延续。有没有什么现代主义的固有特征可以通过这样一种政治分析揭示出来？

现代主义——或者任何艺术时期都是如此——运动的模式非常重视创新和技巧变化，但它们实际上是否体现了道德或政治进步仍然成疑。他们是否引领了整个世代朝着某个特定的方向前进？这几乎永远是一厢情愿的想法。有很多迥异的先锋派运动都非常成功且经久不衰。但任何涵盖整个现代主义的“线性模式”从根本上来说都是一元论，且都是意识形态主导的（例如，第二章提到的阿多诺对斯特拉文斯基的攻击就揭示了这一点）。的确，精英主义或运动主导的进步观念在当时可能误导了很多人，因为我们如今可以把这个时期看作一个整体了——我们看到，当时起主导作用的事实上是一种折衷的多元论和对话。

例如，在音乐领域，我们看到施特劳斯和马勒可算是浪漫主义和自我表达一派；斯特拉文斯基属“客观”一派，并转向新古典主义；而勋伯格则从一派走向了另一派。所有这三种可能性都同时存在，此外还有像查尔斯·艾夫斯①、埃德加德·瓦雷兹②和约翰·凯奇③等创新现代主义者采取的是远为折衷的方法。因此，依赖某种神秘的辩证法，认为勋伯格学派；或荷兰风格派运动的神秘主义启示；或叶芝式的神智学和神话；甚或形式特质的发展，如在克莱门特·格林伯格④看来界定着所有真正的现代绘画属性特征的“平面性”；或者包豪斯学派所鼓吹的“科学地”推动艺术与技术的联姻——认为其中任何一派独力承担着艺术界“历史进步的重任”，无一例外全都是毫无逻辑且违背经
93 验的。

现在请在头脑中试图决定，乔伊斯、伍尔夫、劳伦斯，或毕加索、康定斯基、恩斯特、蒙德里安，这些人中哪一个更“进步”，理由是什么——更不用说对威尔斯、萧伯纳、布莱希特等人提出同样的问题了，因为这些人**曾**真正致力于左翼政治干预，因而就他们而言这个问题应该更容易回答一些。真实情况往往是，我们想出一个公认的进步路线，比如女性解放的进步路线，这样一来，度量就清晰多了。这条路线把易卜生远远地置于萧伯纳之前；而乔伊斯虽然有些易卜生式的观念，却处在模棱两可的位置；艾略特、刘易斯和庞德，以及大多数未来主义者都无处安身；而弗吉尼亚·伍尔夫作为一个极具颠覆性且有着清醒的文化意识的女性主义者——特别是在《幕间》（1941）中——大约

---

① 查尔斯·艾夫斯（1874—1954），美国古典音乐作曲家。

② 埃德加德·瓦雷兹（1883—1965），法裔美国作曲家。

③ 约翰·凯奇（1912—1992），美国先锋派古典音乐作曲家，勋伯格的学生。

④ 克莱门特·格林伯格（1909—1994），美国随笔作家，主要以其与美国20世纪中期的现代艺术密切相关的视觉艺术评论而闻名。

应该位于这条线的“右”侧。

这种道德和政治的排序，尽管其本身可能颇具价值，却对我们理解现代主义艺术运动的发展史无甚用处。就像关于女性解放的浩瀚文献所显示的那样，真正关心女性解放，就必须仔细研读各种各样的制度和社会团体，研究女性作家和她们彼此间的关系，如此等等。

从当今视角，我们可以看到截然不同的模式引发了不同种类的长期、广泛的文化意义，这使得重要的现代主义艺术家的作品获得了其经典地位。这里的重要变化不仅存在于“高雅”文化内部。正如德里克·斯科特[1]提醒我们的，“根据社会意义来衡量，12小节布鲁斯对20世纪的音乐远比12音列重要得多”。后者或许看来更“进步”，但只有在整个音乐的形式规范中才是如此。社会和审美衡量标准始终相互影响，在大型艺术活动发生的时期则有可能变得难以捉摸。

在审美上集中关注技巧的发展（及其频繁导致的必然结果，即追求最大限度地体系化、统一化的作品，如1960年代那样）自 94
是问题重重，往往会让我们认为，一个艺术团体独自便可立于真正或“必要”的进步路线上。例如，歌剧《特里斯坦与伊索尔德》《厄勒克特拉》和《期待》之间就明显有一种技巧上的渐进联系，即半音体系的发展，但作为艺术作品，他们真正的相似之处无疑来自更为广泛传播的思想：关于新近开放的，或者非理性地表现女性及其性欲的思想。正如我在前文所指出的，最终对进步观念有价值的是技巧变化背后的思想，以及它们对受众心理产生

① 德里克·斯科特（1921—2006），英国影视舞台音乐导演、影视音乐作曲家。

的多少算是可取的影响，这些思想在艺术内外都可以找到，也并不全都带有明显的政治色彩。

因此在“立体主义之后”，人物肖像画不再是神圣不可侵犯的——它可以变成嵯峨的风景画——在达达主义和《期待》之后，在从贝尔格的《伍采克》到马克斯韦尔·戴维斯[1]的《疯王之歌》（*Songs for a Mad King*）等作品中，一种非理性的联想本身成了理解人性的手段。正如很多批评家所指出的，这里有很多不同的线索和谱系需要研究。音乐界曾发生过重大的技巧变化，例如单是1912年，德彪西的《游戏》（*Jeux*）就摆脱了主题主义，勋伯格的《月光小丑》摆脱了不协和音，斯特拉文斯基的《春之祭》则具有革命性的韵律和节奏；这些变化可以并的确率先开始了各个方向的尝试，那些方向不全是无调性的，并无一属于任何具体的先锋团体。这三种创新都具有解放的意义，对所有派别的作曲家都提出了新的问题，也都可以在各种思想的代表性框架中使用，唯其如此，举例来说，卡罗尔·席曼诺夫斯基[2]《罗杰王》（*King Roger*）的神秘象征主义曲折、贝拉·巴托克[3]《神奇的满洲大人》（*Miraculous Mandarin*）的都市野蛮，乃至威廉·沃尔顿[4]《门面》中的合奏喜剧，才有可能被呈现在我们面前。

或许我们最好认为现代主义技巧能够面对各种方向，虽
95 然它们曾为自己青睐的示威运动发表过进步主张——例如魏玛时期政治拼贴画的发展，或是布莱希特式的疏离效果。因为

① 马克斯韦尔·戴维斯（1934—2016），英国作曲家。

② 卡罗尔·席曼诺夫斯基（1882—1937），波兰作曲家、钢琴演奏家。

③ 贝拉·巴托克（1881—1945），匈牙利作曲家，匈牙利现代音乐的领袖人物。

④ 威廉·沃尔顿（1902—1983），英国作曲家、指挥家。

历久弥新的现代主义艺术的确几乎一贯致力于对读者、听众或观者的思想产生不同的政治或社会（或宗教）影响。因此才有了多萝西·理查森和弗吉尼亚·伍尔夫的女性主义，叶芝和乔伊斯的民族主义，奥登及其伙伴们以及格奥尔格·格罗斯[①]、约翰·哈特菲尔德[②]（赫尔穆特·赫茨菲尔德）和奥托·迪克斯[③]的社会分析，奥登、艾略特和斯特拉文斯基为基督教所作的辩护，格罗皮乌斯[④]和勒·科布西耶[⑤]提出的建筑与社会间的关系，恩斯特和阿拉贡的反讽和非理性主义批评，纪德、乔伊斯、劳伦斯和布勒东所追求的性解放，更不用提《摩登时代》（*Modern Times*）、《大都会》（*Metropolis*）、《战舰波将金号》（*The Battleship Potemkin*）等电影的大众社会批判了。考虑到20世纪初期欧洲社会的一般假设，大多数的这类艺术，就其将占据优势的保守政治意识形态与并非强制性却至关重要的文化模式进行对比这一点而言，在创作意图上大体属于自由派或左翼。

从其与当前社会的政治冲突发生互动来看，所有的现代主义作品在某种程度上都涉及政治运动。这在格奥尔格·格罗斯及其以照片拼贴创作的同行赫茨菲尔德兄弟身上尤其明显（见图13）。格罗斯作为达达主义者的早期作品有很多未来主义和立体主义几何学的表达，但在后来的艺术生涯中，他把这个特点提炼成一种远为具象派的卡通模式，认为自己是在应对“在立

① 格奥尔格·格罗斯（1893—1959），德国艺术家，尤以其笔下的1920年代柏林生活的讽刺画而闻名。

② 约翰·哈特菲尔德（1891—1968），德国艺术家，运用艺术作为政治武器的先锋。

③ 奥托·迪克斯（1891—1969），德国画家，新即物主义的代表人物。

④ 沃尔特·格罗皮乌斯（1883—1969），德国建筑师和建筑教育家，现代设计学校先驱包豪斯的创办人。

⑤ 勒·科布西耶（1887—1965），法国建筑师、室内设计师、雕塑家、画家。

图13　约翰·哈特菲尔德，《就像在中世纪……也像在第三帝国》(*Wie im Mittelalter ... so im Dritten Reich*, 1934)。隐喻的合成照片比较了两种文化；以及纳粹对于现代的背叛

方体和哥特风格中寻找意义的所谓神圣艺术的那股子云里雾里的趋势”，也就是表现主义。这提醒我们，在所有历史时期都存在着一个现实主义艺术传统，道德观念会强有力地激发起这一传统：就格罗斯的例子而言，他的很多画作和素描作品都集中显现出这一点——特别是他的《统治阶级的面孔》（*Gesicht der Herrschende Klasse*, 1921）和《瞧！这个人》（*Ecce Homo*, 1923），或许这两部也是他最有名的著作。他不仅关注工人的背叛和痛 96
苦，还思考了被看作好色之徒、性谋杀者和娼妓的统治阶级的私人生活。这是一种喀耳刻式的丑陋而残忍的政治和性别观。它象征着当有权有势者把他人当作区区物体时，出现在资本主义社会内部的人性丧失。

> 我意在创造一种绝对现实主义的世界观……人不再是以敏锐的精神洞见为代表的个体，而是一个集体主义的、近乎机械的概念。废止色彩。线条画在没有人情味的逼真结构周围以示厚度。重申一遍，稳定、重建、功能，例如运动、工程师、机器。再也不提什么动态的未来主义浪漫精神。

格罗斯显然对一种政治类文化诊断的生成做出了重要贡献。他的画作《社会栋梁》（*Pillars of Society*, 1926）为右翼暴力和军国主义画像，对纳粹有着预言的态度。正如卡尔·爱因斯坦早在1923年便曾说过的：

> 当代艺术的两极之间的关系极其紧张。构建主义和非客观艺术画家建立了一种形式的独裁；格罗斯、迪克斯

和施利希特[1]等其他人则通过辛辣深刻的客观性粉碎了现实，撕下这个时期的假面具并迫使它走向自我嘲讽。他们的绘画是一份冰冷的死刑判决，他们的观察则是咄咄逼人的武器。

无论他多么时髦，格罗斯依靠的始终是漫画家对现实主义的妥协（毕加索也是如此）。但是，一幅运用了某种高级的后立体主义技巧，依赖多层次的历史、神话和艺术典故，全然现代主义的作品，其政治意义又会如何呢？很多现代主义杰作都把形式实验与哲学或政治意义结合在一起：例如艾略特的《四首四重奏》就有着完美的自成一体的语言结构，同时还对英国圣公会的神学进行了深刻分析。当然，形式主义和美学自主性（或许它看似不
98 过是指向个人乐趣）以及政治承诺可以彼此对立，但在很多现代主义者的例子中，它们也会相互合作（特别是在《伍采克》中）。

《格尔尼卡》（1937）

我在本文开头举了一些例子，也乐于以一个例子来结束全篇，这个例子与任何其他作品一样具有重要的政治意义。毕加索的《格尔尼卡》（图14）将政治模仿（表现了第一波针对平民的一场空袭的恐怖效果以及随之而来的道德义愤）与引经据典的、神话的、形式扭曲的现代主义技巧的大量运用结合起来。作为对战争和恐怖主义的研究，它的政治影响相当深远，从它在1937年前后的首次展出，一直到现在，它还以壁毯的形式挂在联

[1] 鲁道夫·施利希特（1890—1955），德国艺术家，新即物主义运动代表人物。

图14　巴勃罗·毕加索,《格尔尼卡》(1937)。对平民的狂轰滥炸——高深莫测、意义深远,既是一幅用典复杂的杰作,又是一个可怕的预言

合国的一个大厅里(科林·鲍威尔在这幅作品面前宣布入侵伊拉克时,它被罩上了)。它的影响补充、延展了构建史实的现实主义,并赋予其人性的深度。当巴黎世博会的西班牙展馆首次展出这幅作品时,这种鲜明的反差便一目了然,"每一个访客进馆时迎面看到的是冈萨雷斯[①]的社会主义现实主义雕塑《蒙特塞拉特》(*Montserrat*),那是以一个女农民为主题的一座铁像,她手持镰刀盾牌,坚定不移地伫立在每一位来客面前",楼上是大火中的格尔尼卡的照片,旁边的墙板上写着保尔·艾吕雅的诗《格尔尼卡的胜利》("La Victoire de Guernica")。摄影和社会主义现实主义作品与巨大的现代主义壁画交相辉映,而不是彼此拮抗;它们只有陈列在一起,才会引发反思式的响应。 99

我们在考察这幅画的现代主义方面时,会看到一种复活的新古典主义——在一幅形似雕带的作品中"将静态平衡与骚动相结合",而"对宏伟的大卫式战争场面雕刻般的精准笔法"出

① 胡利奥·冈萨雷斯(1876—1942),西班牙雕塑家、画家。

现在“冲突的庄严展示中，表现出大卫传统的强烈回流”。但我同意蒂姆·希尔顿[1]的看法，他同样认为《格尔尼卡》是以模糊的图像画法创作的“一幅意义不明的画作”——例如，没有人真正了解公牛象征着什么，而这些不确定因素会影响对这幅作品的政治影响的任何评价。

1937年10月，当时支持斯大林社会现实主义的安东尼·布朗特[2]搬出了公有制社会的论调：他认为毕加索的神秘意象实际上只为取悦“一个唯美主义小圈子”。这就提出了一个问题：像这样的现代主义艺术在政治舞台上作为反对派的艺术能有多大的效果？显然，《格尔尼卡》在当时的反抗效果大概弱于，或者至少在地位上次于，那些与新闻记者的目击证言一起构成关于暴行的历史和客观事实的照片。但作为一幅艺术作品，它的“效果”也本该远远超过政治干预的有效期，因此，布朗特及其同类人的问题在于：他们究竟是否想要那种历久弥新的艺术？

答案是，《格尔尼卡》不是也不该只是那一局部论争的一部分。它在联合国也没有明确偏袒哪一方，无论站在它面前的是谁。我们必须决定如今该如何看待它对军事或恐怖主义袭击平
100 民的道德义愤（诚然如此，无论其是否适用于伊拉克）。报纸和电视上还有很多近期的照片和报道帮助我们做出决定。抑或它“不过”是一幅和平主义者的绘画而已，即便它抗议又只能听任这种不公及其背后的军事化神话不可避免地延续下去，很多现代主义者（尤其是尼采和叶芝）都认为，这样的历史必然会一再重演。

① 即蒂莫西·希尔顿（1941— ），英国艺术批评家。

② 安东尼·布朗特（1907—1983），英国艺术史学家，伦敦大学艺术史教授。

但如此使用神话有何作用？马克斯·拉斐尔[1]在《格尔尼卡》声名正隆时撰文指出，神话的象征主义过于模棱两可——例如，公牛可以被看作雄性的生命力、重生的象征，甚或法西斯主义无情的施虐倾向，而马则可以指失败了的法西斯，或是指战败牺牲的人民。拉斐尔重复了布朗特的论调，认为这幅作品的寓意并非“不言自明”，它抑制而不是激发了“创造性的行动”。这幅画太个性化，充满了“内在的痴迷”（就像它是达利画的一样！），因此“未能尊重真实世界里的真实行动”。这里的“真实”行动看起来很像党的行动，而我们没有多少理由认为党的行动就要比其他类型的行动有着更鲜明的“真实”主张。克里斯托弗·格林[2]提出了一套不同的现代主义思考，提醒我们说，精神分析认为神话具有普遍性；因此，这幅作品中显然平淡乏味的象征主义便通过用典而获得了一种复杂的普遍性，从而全然不同于个人化或痴迷的效果。悲伤的女人们让人想起基督教的耶稣受难图，公牛令人想起弥诺陶洛斯[3]，而马则令人联想到斗牛场上献祭的西班牙神话。这样的联想确实无远弗届。因此我们又回到了我在开篇引用《尤利西斯》中的那句话所提出的思考上来，《尤利西斯》也是一部神话的、新古典主义和具有普遍性的作品，且无疑和《格尔尼卡》一样颇具实验性。

毕加索的画作是现代主义与现实主义艺术，以及与可能被强加于实验性作品之上的政治要求发生的边界冲突的绝佳范例。这很明显取决于——的确，总是过于明显地取决于——当

① 马克斯·拉斐尔（1889—1952），德裔美国现代主义艺术史学家。

② 克里斯托弗·格林（1959— ），加拿大约克大学心理学教授，同时也在哲学系和科技研究系授课。

③ 希腊神话中克里特岛上的人身牛头怪物。

101 时的政治。对照片（更不用说媒体报道）做出“明确的”政治解读有助于让《格尔尼卡》成为迫在眼前的问题。但从长远来看，人们或许会更加深切持久地对艺术，特别是现代主义，铭感于心，因为它们通过运用神话和象征看到了不同的神学和政治框架，从而创造了新古典主义和普遍化的一般模式，不间断地提出人性道德和政治要求，且乐于把各种文化融合在一处。在此过程中，它们便可揭示人类行为中的一些深奥的、同时又是彼此冲突和富有挑战的东西。这就是《格尔尼卡》这幅画成为杰作而长存于世的原因。对我们来说，重要的是现代主义伟大作品中那股子惊人的强大生命力，以及它们与全然不同的政治语境（以及世界——在那个世界中，拉斐尔的马克思主义远没有那么重要）的持续关联。

但人们很可能会问，政治和文化究竟哪一个是载体，哪一个是内容？我相信任何一个民族的文化，更不用说曾赋予大多数现代主义者以灵感的共同欧洲文化（包括其偏爱的历史叙事），应该始终被看作其政治的载体（我们必须始终希望政治在表现最糟糕之时，能被挫败），而不是相反。正是现代主义广泛而包容的文化同情，才使得它对当今的文化和冲突如此重要，我们面临着本世纪的挑战，却绝不能忘记上一个世纪的历史教训或艺
102 术智慧。

索引

(条目后的数字为原书页码，见本书边码)

F

G

H

I

J

K

L

M

N

O

P

Q

R

S

T

U

V

W

Y

Christopher Butler

MODERNISM

A Very Short Introduction

Contents

List of illustrations

The Publisher and the author apologize for any errors or omissions in the above list. If contacted they will be happy to rectify these at the earliest opportunity.

Chapter 1
The modernist work

It appears likely that poets in our civilisation, as it exists at present, must be *difficult*. Our civilisation comprehends great variety and complexity, and this variety and complexity, playing upon a refined sensibility, must produce various and complex results. The poet must become more and more comprehensive, more allusive, more indirect, in order to force, to dislocate if necessary, language into his meaning.

T. S. Eliot, 'The Metaphysical Poets' (1921)

Apocalyptic chimney cowls
Squeak at the sergeant's velvet hat
Donkeys and other paper fowls
Disgorge decretals at the cat.

Parody by J. C. Squire of a quatrain poem by T. S. Eliot

This book is about the ideas and the techniques that went into innovative works of art in the period from 1909 to 1939. It is not, primarily, about 'modernity', that is, the stresses and strains brought about within this period by the loss of belief in religion, the rise of our dependence on science and technology, the expansion of markets and the commodification brought about by capitalism, the growth of mass culture and its influence, the invasion of bureaucracy into private life, and changing beliefs about relationships between the sexes. All of these developments had significant effects on the arts, as we shall see, but my main theme here is the challenge to our understanding of individual works of art.

We can get a good preliminary idea of the nature of modernism in artistic work by looking at some of the difficulties that Eliot had in mind; so I am going to take a novel, a painting, and a musical work, and ask what they can tell us about the nature of art in their period. (All three centre on a great aspect of modernity: life in the city.) Through them, I will try to show how innovatory techniques and modernist ideas can interact. In doing this, we have to come to terms with some difficult problems of interpretation, as they all deviate in interesting ways from the 19th-century realist norms, on which we still generally rely to understand the world. But novels like *Middlemarch* and *Anna Karenina* (even though they are focused on the tensions brought about by new claims for the status of women) seem now to come to us from a relatively stable intellectual framework, presented to us by a more or less friendly, perspicuous, and morally authoritative narrator, who creates for us a world which we are expected to recognize, and which belongs to the past. But modernist art is far more indirect – it can make the world seem unfamiliar to us, as rearranged by the conventions of art.

Ulysses

The opening words of James Joyce's *Ulysses* seem initially to come from the realist world, but the appearances are going to be deceptive, and they become more so as we go through the novel, and its stylistic deviations become more obvious, even though they are at base founded in remarkably accurate history.

> Stately, plump Buck Mulligan came from the stairhead, bearing a bowl of lather on which a mirror and a razor lay crossed. A yellow dressing gown, ungirdled, was sustained behind him by the mild morning air. He held the bowl aloft and intoned:
>
> - Introibo ad altare Dei.
>
> Halted, he peered down the dark winding stairs and called up coarsely:
>
> - Come up, Kinch. Come up, you fearful jesuit.

The primary modernist technique here lies in Joyce's making of allusions, which lead us to feel the presence of underlying conceptual or formal structures. And so, as Hugh Kenner notes in his brilliant guide, in this book, whose narrative will parallel that of Homer's *Odyssey*, the first nine words mimic the rhythms of a Homeric hexameter, and the bowl Mulligan bears is also, in the parallel world of allusion, a sacrificial chalice on which his shaving gear lies 'crossed'. His yellow dressing gown echoes a priest's vestments – for those days when no other colour was specified – in gold and white. And furthermore, 'ungirdled' (the cincture not tied as it would be for the priest's ritual affirmation of chastity), it leaves him frontally naked, his private parts on display for mild air to caress; he is aware of that too. And 'intoned' is deliberate; preparing to shave, he is also playing at the Black Mass with its naked priest. The words he speaks, which belong to the Ordinary of the Catholic Mass, come from St Jerome's Latin version of Hebrew words ascribed to a Psalmist in exile: 'I will go up to the altar of God.' It is therefore a quotation of a quotation of a quotation, and originally a Hebrew cry for help amid persecution.

Of course, the first-time reader doesn't notice all this – or, perhaps, need to – but the book as a whole sets up such echoes, which make for our awareness of significant structural parallels. So Kenner also notes that:

> On a later reading we may also remark the appropriateness, for the book of Bloom – its Jewish hero: the modern Ulysses – of an initial statement in disguised Hebrew, and note, too, that as the Roman priest adopts the role of the Psalmist, so Irish political consciousness in those years was playing the role of the captive Chosen People, with Great Britain for its Babylon or its Egypt.

Ulysses is paradigmatically modernist, at the very least because, like *The Waste Land* and the *Cantos*, it is a work of allusive and encyclopaedic interconnectedness, with an immense concern for cultural changes within the life of the city. One of the things that Joyce gains from this, for the novel, is a mythical as well as an historical organization of narrative, and so also a means for comparing cultures in variously satirical ways: how are the Irish a persecuted 'chosen people'?

Many of these techniques are central to our understanding of a great deal of modernist art, and I am suggesting that we can diagnose the 'modernist object' (whether picture, text, or musical work) along these two dimensions: of a provoking new idea and of an original technique. For Joyce (and Eliot and Pound, and indeed Milton and Pope before them), it is the ideas of cultural comparison and simultaneity which are made possible by a technique of allusion within the text.

La Ville

In Fernand Léger's huge *La Ville* [*The City*] (1919) (Illustration 1), we have to confront the influence of the cubist painting of Pablo Picasso, and of Georges Braque (the latter exemplified in Illustration 2), who had been described in November 1908 by the art critic Louis Vauxcelles as 'an exceedingly audacious young man . . . [who] . . . despises form, reduces everything, places and figures and houses, to geometrical complexes (*des schémas géometriques*) to cubes'. This 'reduction' is part of a general tendency towards abstraction in modernist painting, to be found in varying

1. Fernand Léger, *La Ville* (1919). Cubism as a collage of our perceptions of the city

ways in Henri Matisse, Juan Gris, Wassily Kandinsky, Piet Mondrian, Joan Mirò, and many others. The effect of this on painters like Léger was partly to make geometric pattern or design a main feature of their work, because the cubists had destroyed, from 1906 to 1912, the realist conventions for three-dimensional perspective which had been dominant in art since the Renaissance. Objects in cubist pictures were contradictorily represented, from more than one angle of view within the same picture plane, and this brought about:

> the construction of a painting in terms of a linear grid or framework, the fusion of objects with their surroundings, the combination of several views of an object within a single image, and of abstract and representational elements in the same picture.

This seemed to many to be the master artistic innovation of the modernist age, and most painting since then has been affected by or defined itself in relation to it. It involved a radical deviation from

2. Georges Braque, *Le Sacre Coeur* (1910). The picture and the building have competing kinds of geometrical architecture

realistic illusion, and in Léger's painting we can see this influence. It was described by Kirk Varnedoe as a 'utopian billboard for machine age urban life'. We can see how it has elements of receding perspective, such as the stairs in the middle, which are yet contradicted by or inconsistent with the overlapping planes to left and right. There are girders, a pole, what may be a wall poster, possibly a funnel on a ship, but they do not make a single coherent scene. They are patterned into an overlapping collage of quasi-representative shapes. Things which 'ought' to be seen as near or far, and so on different scales relative to one another, are not in perspective (for example, the tubular human figures). Objects here are not ordered according to conventional representational means, but are juxtaposed by the artist into simultaneity within the plane of the picture. Léger has arranged a number of city-like, geometrically distinctive elements, to make an abstract design. (A very similar art, of contrastive juxtaposition rather than logical linkage, is to be found in the poetry of Guillaume Apollinaire and T. S. Eliot by this time.) Many cubists used popular materials (wine glasses, sheet music, newspapers, and so on) as the basis for their painting, and so it is tempting to see *La Ville* as also mimicking the effects of big publicity posters in the city (so that James Rosenquist's pop-art representations succeed Léger in this respect).

Once again, two aspects of the culture, a 'high' formalism and a 'low' popular content, confront one another, and this kind of interaction is tremendously important for modernism. Léger's work is modernist because it exploits a new language or syntax for the painting, in new principles of organization. Its elements do not fit together in anything like the way that they do within realist conventions. The resemblance of parts of the painting to the world remains for us to discover, but it also depends on our learning to appreciate modernist modes of abstraction, and the ways in which they may satisfyingly fit into a design.

The Threepenny Opera

Not all modernist works are as obviously experimental. My musical example is superficially much easier to understand – indeed, it is essentially popular in form, full of contemporary dance rhythms spiced up by modernist 'wrong notes'. *The Threepenny Opera*, written by Kurt Weill to a text by Berthold Brecht, follows John Gay by using popular (but in this case original) tunes, which make the work far closer to cabaret than to Verdi or Wagner. Brecht's late Victorian, Soho-based crooks, beggars, and bankers run in a sustained contrastive parallel to the rogues of Gay's original *Beggar's Opera*. In Gay, Peachum is a receiver of stolen goods; in Brecht, he organizes a mafia of professional beggars. The musical procedures are often a parody of earlier styles, so that allusion features yet again, for example, in the overture, which has Handelian moments and an attempt at a fugue. This stylistic instability has an important function: it is supposed to make it more difficult for us to become as continuously and sympathetically involved with the characters as we would in earlier opera, so that:

> When singing, the protagonists 'adopt attitudes' rather than tell us anything about their true character or emotions, which strictly speaking they do not possess, at least in any conventional sense. The relationship between words and music is deliberately untautological and ambiguous; the words can say one thing, the music something else.

And there is a stage narrator, who produces a detached 'epic' narration of events. (In the 1928 libretto, which Brecht thought to be a successful experiment in a new kind of 'epic theatre', producers were encouraged to project the interconnecting narrative texts on screens.) It is an early use of those distancing or 'estranging' techniques which are important for the later development of Brechtian political drama, as we shall see. What is distinctively modernist here is a hostility to 'bourgeois' notions of sympathy and involvement, as associated with traditional realism (as in the '*verismo*' of Puccini, or in the action of *Der Rosenkavlier*, despite its quasi-parodic relationship to the Viennese waltz). Hence Brecht's invention of various liberating, critical, alienation effects, designed to help audiences, not to 'consume' the work, but to step back to reflect upon the political significance of the characters in the story, rather than to identify with and feed on their feelings as individuals. In the original version of the final execution scene, Mack the Knife (i.e. Macheath) steps out of his role to argue, against the voice of an off-stage 'author', that the play doesn't need to end with his being hanged.

In common with much modernist art, it distances itself from the past by parodying it. The 'moritat' motif associated with Mack the Knife is a crude parody of the Wagnerian assignation of musical leitmotif to character. The sentimental ballad of a pimp, and the caricatured love duets of Mackie and Polly, are grotesque. *The Threepenny Opera* is against expressionist individualism, and anti-romantic. As Weill put it in an interview of 1929, with a typically leftist 'after this, no longer that' rhetoric: 'This type of music is the most consistent reaction to Wagner. It signifies the complete destruction of the concept of music drama.' And Felix Salten (in reviewing the 1929 performance in Vienna) said that the music is 'as electrifying in its rhythm as the lines of the poems, as deliberately and triumphantly trivial and full of allusions as the popularizing rhymes, as witty in the jazz treatment of the instruments, as contemporary, high spirited and full of mood and aggression, as the text.'

Stylistic variation

These are works which point in all sorts of different directions, and it would be misleading to use them to make any strict boundaries for 'modernism' or to offer a 'definition' of it. It was all sorts of things, and this plurality and confusion was obvious at the time, as we can see from the contradictory definitions and interpretative strategies which were then applied to new works of art. For example, when F. S. Flint, a collaborator with Ezra Pound in promoting the so-called 'Imagist School' of poetry, saw *Parade* (1917), which combined Erik Satie's popular music-derived score with cubist costumes by Picasso and an entirely absurd libretto by Jean Cocteau, at the Empire Leicester Square in London, he asks:

> What phrase can describe it? Cubo-futurist? Physical vers-libre? Plastic jazz? The decorative grotesque? There is no hitting it off. The programme is of very little service. It tells you that the period is eighteenth century and the subject the vain efforts of showmen to lure the public inside their booths. But you begin to wonder whether the programme's analysis of the newly presented ballet is not just another bit of M. Massine's fun, when you discover the 'American Manager' disguised as a skyscraper, and 'The Manager' as another architectural joke, and 'The Circus Managers' bumped together into the most comical pantomime horse that ever was seen. M. Massine as the Chinese Conjurer is recognisable, so is Mme Karsavina as the ridiculous American child, not of the eighteenth but of the twentieth century, wearing a sailor coat and a huge white bow in her hair: and there is no mistaking Mlle Nemtchinova and M. Zverev as the acrobats in their skin-tight blue.

By this time (November 1919), there were, for Flint as for everyone else, many new styles and techniques to be found in contemporary art, because of the great efflorescence of technical change from 1900 to 1916. In painting, the fauvists, following Gaugin and Vincent Van Gogh, had abandoned local colour, so that a tree could be blue; the cubists had abandoned single-point perspective; and Kandinsky had moved towards an abstract painting which did not seem to present real-world objects at all. Joyce was already well into the most experimental episodes of *Ulysses*, which were all written in widely divergent styles, using all the figures of the rhetoric books in 'Aeolus', a musical deformation of morpheme and syntax in 'Sirens', parodies of the prose styles from

Anglo-Saxon to modern American in 'Oxen', of popular fiction in 'Nausicaa', and pretty well every form of Dadaist, expressionist, and surreal fantasy in 'Circe', and much more. Arnold Schoenberg and his followers had invented an atonal music which, rather like cubist painting, refused to coordinate the work by reference to central tonal organizing points, so that the hierarchy of chordal relationships that had ruled for centuries had been abandoned, and a new freedom of association between sounds had been invented. Igor Stravinsky had made never-before-heard and wildly irregular rhythmic constructions in the *Sacre du printemps* (1913) and the poetic experiments of Guillaume Apollinaire and Blaise Cendrars, Ezra Pound and T. S. Eliot, August Stramm and Filippo Tommaso Marinetti, had collaged and juxtaposed fragments of narrative and imagery, leaving out many of those syntactic and logical connectives which had previously articulated a story for the reader.

All this led to a stylistic variation in each of the arts that was central to the modernist period. Picasso is the classic exponent of this, and was a great stealer from others. Through his early career he develops from early Impressionist imitations, through to a 'Blue Period', and then a cubist, and then a neoclassical one. His development is not linear, but cumulative and overlapping: like Joyce and Stravinsky and Eliot, he has many styles of expression available. For these modernists, the canon of past art is always available for reinterpretation, imitation, and even parody or pastiche. 'To me there is no past and future in art', said Picasso, and in the end, it's the personality of these artists that holds things together (and that is why, despite his advocacy of 'impersonality', the collage of quotations in Eliot's *The Waste Land* can be seen as sexual confession, rather like the extraordinary range of deformations that Picasso inflicts on the bodies of women).

'If the subjects I have wanted to express have suggested different ways of expression I have never hesitated to adopt them', said Picasso. This modernist choice of styles is not a sign of instability, but an aspect of freedom. Diversity of style is liberal democracy in art – and, as we shall see, it was the Soviet and Nazi dictatorships that demanded an explicitly anti-modernist reversion to an official unity of realist style in the arts.

Technique and idea

But the question then inevitably arises, what was all this technical experiment for? What points was it trying to make? For the three works looked at above, part of the answer would involve cultural comparison, the clashing simultaneity of modern urban experience, and the critical distance enabled by parody. If we can answer such questions, we are well on the way to understanding modernist art. In particular, we need to know how these technical changes were driven by new ideas, or changes in an artist's conceptual scheme, of a revolutionary kind. The artist is sustained in the making of formal discoveries by the expectation that they will be significant in relation to a particular content. That is, they will lead to a cognitive gain, because the technical and experimental development we see in modernist work nearly always arises out of profound shifts in the intellectual assumptions of artists. It is the ideas in the heads of men and women, such as those concerning the self, myth, the unconscious, and sexual identity, which the modernists took from authorities like Friedrich Nietzsche, Henri Bergson, Filippo Tommaso Marinetti, James Frazer, Sigmund Freud, Carl Jung, Albert Einstein, and others, that make cultural revolutions. The idea – of making cross-cultural allusions, or of looking for a quasi-scientific analytical pattern – prompts a change in artistic technique. These breakthroughs are by definition 'progressive', because once you can master the technique (or, more feebly, imitate it, as minor cubists like Albert Gleizes and Jean Metzinger did), you can do something that you couldn't do before.

The most influential modernist works thus provided paradigm procedures which could then be used for often quite divergent purposes, as part of a generally progressive modernist movement, oriented towards the 'new'. So *La Ville* develops the paradigm of cubism, and the idea that the city, like a daily newspaper (as the futurist Marinetti pointed out), is the site of simultaneous happenings which we can only juxtapose with one another. And Virginia Woolf, who did not much approve of the moral tone of *Ulysses*, nevertheless prolongs its paradigm in her *Mrs Dalloway* (1927), which also follows the stream of consciousness of her central characters through twenty-four hours of life in a major city, uses central topological and temporal points to orient the characters and the reader (Joyce's Nelson Column becomes Big Ben in Woolf), and bases her plot on the long-deferred mental encounter of two antithetical, older and younger persons.

To understand an innovation, then, we need to understand the intellectual model that the artist or scientist is using. We can ask whether Marcel Proust or T. S. Eliot, or James Joyce or Virginia Woolf, made Bergsonian assumptions about memory and the nature of the mind or the self, or ask how 'Freudian' Richard Strauss was in *Elektra* or Arnold Schoenberg in *Erwartung*. However, to convey historical conviction, that is, any sense of his or her own critical contemporaneity as making a difference, the innovative artist also needs to be supported by evidence for the diffusion of the idea, as inspiring an unsettling analysis of conventional methods and beliefs. And so *The Threepenny Opera*, and the later works of Brecht, offer a new 'estranging' perspective on individual character, and with that, attempt to encourage an anti-capitalist, Marxist perspective on class relations. This sense of an innovatory opposition to what has gone before is essential to the characterization of artistic periods, because it helps us to highlight the changes in dominant states of mind and feeling which were involved, and so in the following chapter I turn to modernist movements, and their relationship to the cultural tradition.

Chapter 2
Modernist movements and cultural tradition

Eliot's Waste Land is I think the justification of the 'movement', of our modern experience, since 1900.

Ezra Pound, letter to Felix Schelling, July 1922

The artistic climate here cannot support anything that is not the latest, the most modern, up-to-the-minute, Dadaism, circus, variété, jazz, hectic pace, movies, America, airplanes, the automobile. These are the terms in which people here think.

Oskar Schlemmer in 1925 on the Bauhaus move from Weimar to Dessau

Modernist cooperation

In all periods, great artists tend to know one another: and their cooperation (or rivalry, as in the case of Pablo Picasso and Henri Matisse) comes from a sense of 'what is going on'. This sense can far exceed that of any manifesto-bound artistic movement. Claude Debussy was perhaps the first person to hear the *Rite of Spring*, by sitting down at the piano to play it through with its composer, who was also the friend of Maurice Ravel, Erik Satie, Jean Cocteau, André Gide, Paul Claudel and Paul Valéry, Pablo Picasso, Fernand Léger, and André Derain. Picasso, like Stravinsky, was well acquainted with the Parisian avant-garde in all the arts, hence his witty design for the cover of Stravinsky's *Ragtime*, which came about through Blaise Cendrars' recommendation to the *Editions de la Sirène*, and his designs for Sergei Diaghilev's production of Satie's *Parade*. There is often a good deal more to be learned about the progress of art from biography than there is from manifestos or the propaganda of critics. It is the practical, spectacle-producing interactions between Stravinsky, Ravel, Satie, Léon Bakst, Alexandre Benois, Matisse, Picasso, Cocteau, and Gide, and many others within Diaghilev's Ballets Russes, which led to such obviously avant-gardist works as the *Rite* and *Parade*, as well as to work more traditional in conception but still stylishly modernist, like *Carnival*, based on Schumann, or Francis Poulenc's *Les Biches*. The Ballets Russes was a leading modernist grouping, not least because Diaghilev was uniquely able to get avant-garde artists to work together.

It is this kind of cooperation between artists, like that of the Brücke group of expressionist painters (Ernst Ludwig Kirchner, Erich Heckel, Max Pechstein, and others), or of Schoenberg and Alban Berg and Anton Webern, all working intimately together, which gave to them, and to us, the sense of a 'modernist movement' as a general tendency of the time, as when Pound and Eliot read the early episodes of Joyce's *Ulysses* in typescript, realized that parallels between past and present could be made possible by allusion – and then wrote the early *Cantos* and 'Gerontion' and *The Waste Land*. Eliot's 'Tradition and the Individual Talent' (1919), with its advocacy of an awareness in the author that 'the whole of the literature of Europe from Homer and within it the whole of the literature of his own country has a simultaneous existence and composes a simultaneous order', can be read as a rationalization of the work of all three writers at this time. Nevertheless, it is often up to us to infer artistic intentions, because the great modernists didn't always explain themselves or write manifestos. Picasso and Braque invented cubism without saying a single explanatory word about it. They just watched and discussed each others' studio practice, and we can only infer their 'progress' in 1907–15 from 'analytic' cubism, which is primarily concerned with a rather craggy geometrical deformation of the object from many points of view, in a kind of monochrome with very few clues to local colour (so that a portrait head can look rather like a rocky landscape), towards a more accommodating 'synthetic' cubism, which uses much more colour and flatter geometrical shapes, and can look like collaged elements on the surface of the canvas.

Even the more self-consciously and politically-arousing forms of artistic provocation, such as the many 'Futurist Manifestos' (on painting, music, lust, and so on) are often no more than *ad hoc* alliances of art and idea. The futurists and Dadaists were typical, on the other hand, of those who preferred to work within a declamatory theoretical orientation, which claimed to be 'avant-garde' through the diffusion of revolutionary ideas. Other manifesto developments were more technically oriented, and so Pound gets F. S. Flint to write a manifesto for Imagist poetry which advocates 'direct treatment of the "thing", whether subjective or objective', composition 'in the sequence of the musical phrase', and so on.

Notions of progress – art and abstraction

Ideas like these were immensely important for modernism as an art movement engaged in a period of great intellectual change. And so it is hardly surprising that ideas about the 'necessary' evolution of art became an important part of the movement in general. This meant that critical explanation was as much needed as manifesto. A good example of the kind of modernist change that needed explanation is the growth of abstraction in painting, which involved the destruction of the conventions of 19th-century realism, to make a modernist art which denied any such aims at a subservient, even if virtuosic, transparency to the world. It therefore insisted on the spectator's awareness of the artwork's own conventions, and so brought about a much more obliquely suggestive relation of work to world.

There were two essential developments. The first, as we have already noted, was the emancipation of painting from the representation of 'true' local colour, which allowed pure colour to create its own emotional effects, as in later Van Gogh, and the work of Matisse. This was particularly crucial for Kandinsky, for whom:

> Vermilion attracts and irritates like a flame upon which a man fastens his hungry gaze. A bright lemon-yellow produces pain after a while, just as the high notes of a trumpet pain the ear. The eye grows excited, it cannot withstand the effect for very long and seeks a deep peace in blue or green.

Along with this went an even more influential development: a growing sense of the value of the simplification of the object in drawing. Desmond McCarthy explains this in his preface to the 1910 catalogue of the London Post-Impressionist exhibition, by using a musical metaphor (which nearly always also suggests that painting, like music, has its 'own' language). He says that:

> this search for an abstract harmony of line, for rhythm, has been carried to lengths which often deprive the figure of all appearance of nature. The general effect of his [Matisse's] pictures is that of a return to primitive, even perhaps of a return of barbaric, art... Primitive art, like the art of children, consists not so much in an attempt to represent what the eye perceives, as to put a line round a mental conception of the object.

Both of these methods strike a blow for the autonomy of the work of art, because of the way in which we are forced to consider the work on its own terms, and not just as a mirror onto reality. Colour, once emancipated from local representation, can be 'harmonized', as Matisse argues, to make a musical effect:

> From the relationship I have found in all the tones there must result a living harmony of colours, a harmony analogous to that of a musical composition.

Roger Fry confronted the conservative public on these issues, and attempted to explain the merits of the new art in the second Post-Impressionist exhibition of 1912, by introducing a new critical vocabulary:

> Now, these artists do not seek to give what can, after all, be but a pale reflex of actual appearance, but to arouse the conviction of a new and definite reality. They do not seek to imitate form, but to create form; not to imitate life, but to find an equivalent for life. By that I mean that they wish to make images which by the clearness of their logical structure, and by their closely-knit unity of texture, shall appeal to our disinterested and contemplative imagination with something of the same vividness as the things of actual life appeal to our practical activities. In fact, they aim not at illusion but at reality.

This emphasizes our contemplation of the work of art as such, and is crucial: we experience 'that decorative unity of design which distinguishes all the artists of this school'. Matisse, in particular, 'aims at convincing us of his forms by the continuity and flow of his rhythmic line, by the logic of his space relations, and above all, by an entirely new use of colour'.

We can see some of this in a wonderful image, *La Conversation* [*The Conversation*] of 1909–12 which was shown at the second Post-Impressionist exhibition in London in 1912 (reproduced in Illustration 3). The colour harmonies of this painting, in blue and in red and green, are very striking. There is a strong emotional contrast between the colours used for the room and the garden: a cold blue and black within, and a warm green and red outside. And the shapes for the tree and flowerbed echo those of the couple in conversation. But it is hardly communicative – the figures of Matisse and his wife Amélie are hieratic and stiff; they are based on a stele of Hammurabi before the seated goddess Shamash, which Matisse had seen in the Louvre. Amélie seems to be laying down the law, and her answer may well be the 'NON' we can see in the ironwork of the balcony. But it is the simplification of the figures,

3. Henri Matisse, *La Conversation* (1909–12). An immensely sophisticated abstraction in drawing, which originally seemed merely childish

the sense of a designed balance, and the lack of interest in local detail, which counts for this painting's claim to the abstraction described by Fry and his colleagues. And as he points out:

> The logical extreme of such a method would undoubtedly be the attempt to give up all resemblance to natural form, and to create a purely abstract language of form – a visual music; and the later works of Picasso show this clearly enough.

Fry had seen only some early Kandinsky in London in this period, but his prediction concerning a progressive abstraction, made on the assumption that the effects of abstract painting can be more and more like those of music, is confirmed by the way in which the apocalyptic symbolism of the castles and towers and spears and boats in early Kandinsky become more and more difficult to

4. Wassily Kandinsky, *Der Schwarze Fleck* (1921). A biomorphic abstraction here moves away from naturalistic depiction towards imaginary objects

discern. The picture reproduced here (Illustration 4) is from the period 1915–21, when he moved towards forms of pure biomorphic and then (at the Bauhaus) geometric abstraction. In *Schwarzer Fleck* [*Black Spot*], I can see a possible serpent, maybe a boat and oars, in its frequent position for Kandinsky, at the lower left, and maybe bits of the outline of his frequent motif of a reclining couple, just above the 'boat'. But this may be fanciful: it is the colours and the dynamism of the relationships between shapes which are important here. Looking at the pictures of this period, Jelena Hahl-Koch finds it as difficult as I do to answer the question, 'When in fact did Kandinsky begin to introduce new, completely free visual elements bearing no resemblance to natural or any other type of familiar objects into his pictures?' But there is no doubt that the ultimate aim is a greater abstraction. We can see this at its most impressive in the amazing sequence of ten 'Compositions' made by Kandinsky from 1910 to 1939.

Ideas about abstraction recur in all the languages of Europe, in attempting to show that modernist artists worked 'progressively' on the renunciation of photographic resemblance, as if the aim was, by a steady subtraction, to become more and more 'abstract', but, as we have seen, in very divergent ways (Piet Mondrian regretted that Picasso never quite got there).

New languages for the arts

This kind of modernist advance is explained as a development and modification of what went before – so that links to an earlier and more intelligible art can be made obvious. But those artists who changed the very language of art were the more obviously radical. The heroic figures of the early modernist period – Picasso, Joyce, Kandinsky, Schoenberg, Stravinsky, Pound, Eliot, Apollinaire, Marinetti – all did this for their respective arts. Picasso, with the *Demoiselles d'Avignon* (1907), with its anguished, edgy, ugly nudes, some of their faces like Iberian masks, others deformed like those of syphilitics. Joyce, with the opening pages of *A Portrait of the Artist* (1914), which are an extraordinary rendition of the visual experience and stream of consciousness of a young child. Schoenberg, with the last movement of his *Second String Quartet* (1908), in which the voice he has added steadily floats upward into the 'new air' of a music without tonal points of reference. Stravinsky, with the *Rite of Spring* (1913), with its primitive savagery, then apparent cacophony, unprecedented shifts in rhythm, and final climactic stampede in the 'Dance of the Earth', in which a sacrificial virgin dances herself to death.

The alogical free associations of poets like Apollinaire, Cendrars, Pound, Eliot, Gottfried Benn, Jakob van Hoddis, August Stramm, and others also challenged the very language of rational order, and its implications for social conformity. 'Let us go', says Eliot's Prufrock, and we set off through the sordid streets of Boston, which, like the poem itself, perhaps lead towards an 'overwhelming question'. But in a poem that contains at least fifteen questions, it is difficult to decide which is the overwhelming one, since they all seem to cause Prufrock embarrassment. The innovatory point of this poem doesn't just depend on its astonishing range of allusion, to Dante, Laforgue, Hesiod, Ecclesiastes, Marvell, John the Baptist, and others, and its stylistic parodies of Shakespeare and Swinburne, amongst many others, but on the unprecedented work that it still makes us do, across its many white spaces, which are also conceptual gaps, between paragraphs which follow an associative rather than a narrative logic and don't even have a psychologically coherent order. Is Prufrock really confronting the mysteries of the universe, or is he just a deeply literary, fantasizing man who funks going to a tea party to proposition an attractive woman? As with so much modernist art, it is the reader or spectator or listener who has to work out the relevance of one fragment to the next and then to its successors, in the process tracing and learning a logic which is very different indeed from that of the art which came before, and which remains challenging after a hundred years.

For some artists, this pursuit of a radically new and wholly uncompromising way of ordering a work of art was basic to their conception of their task: for example, those who followed Schoenberg beyond the progressive atonality of his *Second Quartet* and *Pierrot Lunaire* into developing new conventions for twelve-tone music. Schoenberg indeed shows particularly well the way in which those avant-gardists who aimed at a radical change of paradigm also wanted to be written into a progressive *history of art*. He therefore attacks those past 'laws' or 'codes' which he saw (with some exaggeration) as having 'legislated' for German music, but then came up with some of his own, telling his pupil Josef Rufer in the summer of 1921 that he had 'made a discovery thanks to which the supremacy of German music is assured for the next 100 years'. The characteristics of his new 'twelve-tone' system were first explained to the world in his disciple Erwin Stein's essay '*Neue Formprinzipien*' in 1924. Put very crudely, the musical movement of a work has to be built from a single 'row' of notes, the 'basic set', which uses all twelve tones of the chromatic scale, in a fixed order that remains unaltered throughout the piece. The series can be put into inversion, retrograde, or retrograde inversion, and start at any one of the twelve notes. (This means that the composer has forty-eight tone-rows available for any piece, but the scheme nevertheless involves an amazing number of restrictions.)

Schoenberg's *Wind Quintet*, Op. 26 of 1924, was the first long piece to be composed entirely according to this method. (And it is this work that Stravinsky studies so closely in 1952, years later, in his own 'conversion' to a quasi-serial method of composition.) Twelve-tone music can look very like a modular mode of geometrical construction – with a set of rules to follow, which might well eliminate any kind of personal expressiveness – and the justification for the procedure was, for Schoenberg, impersonally scientific: he claimed that his experiments had revealed the true nature of sound-relationships, by the discovery of 'non-Pythagorean' combinations of tones. Amazingly enough, by 23 July 1925, Alban Berg had written his *Chamber Concerto*, which is a highly systematic, discipular work and carried atonal and twelve-tone writing to intricate and indeed number-symbolic lengths. It is not, however, the detail of the twelve-tone *method* which matters so much, as the peculiar mixture of avant-gardist *ideas* about its philosophic and quasi-scientific necessity that Schoenberg and his interpreters, notably Theodor W. Adorno, came to attribute to the method.

There is therefore often a kind of 'false scientism' in much modernist activity – an attitude to the modern world which demands that the arts use rational compositional methods, so that we get down to a more fundamental level of reality, which is often fantasized to be common to art and science (and indeed to the cosmos as a whole). Piet Mondrian and his followers in the movement of De Stijl made these sorts of claims, and complicated matters by adding to them a metaphysical layer of mystical theology. When we look at Mondrian's paintings of the period 1917–21, we see work which seems to have no mimetic subject matter, except itself, because it belongs to a modernist tradition which had strongly theoretical views about the use of a restricted, rule-governed language of straight lines and rectangular colour planes. It produced an abstract art which was 'purified' compared to that of others, but also (in a way that is prophetic for later geometric abstraction) results in an immediately recognizable style. For example, the *Composition with Red, Yellow, Blue and Black* of 1921 (Illustration 5) has a 'dynamic balance of opposing forces' in which there are 'narrow marginal planes' along with a great red square, which 'dominates' the rest of the area, allowing for a 'variety of spatial and proportional readings', as 'the large red' is 'answered by a multitude of small planes with a cumulative supporting role'.

There is an extraordinary pseudo-philosophical vagueness in Mondrian's writings about art like this, because his formulae for composition, and for the expected effect of his paintings, both fall under the same very general concepts, such as 'universality' or 'equilibrated colour relationship'. His paintings seem to deny individual expression, for 'only when the individual no longer stands in the way can universality be purely manifested'. The aim is at harmony within the work, so that: 'The *rhythm* of relationship of colour and dimension (in determinate *proportion and equilibrium*) permits the absolute to appear within the relativity of time and space.' Our enjoyment of Mondrian (if not our philosophic admiration of him) depends on our feel for harmony

5. Piet Mondrian, *Composition with Red, Yellow, Blue and Black* (1921). Balance and harmony in a mathematical organization

and balance, and an intuitive feeling that the proportions of the picture are irregularly interesting. (This balance ought to be boring, but as Waddington has shown, the proportions of Mondrian's paintings do not fall into any very obvious mathematical ratios.)

Mondrian is a good neo-Platonist as well as a 'Neoplasticist' in painting, and with him we see a significant beginning to the demand for the understanding of art as the exemplar of the hypostatized concepts of a theory (which has had a long run, through to the conceptual art of the postmodernist period). For he was driven to find a language within painting which would follow his religious and philosophical convictions about simplicity (beyond any symbolic significance or reminiscence of real-life objects, such as are to be found in his earlier work).

The philosophy drives the painting. This is a motivation common to the artists of De Stijl and to others in this period, who were following the dream of a simple, unambiguous, uncompromised, adequate language, beyond the pragmatic ambiguities of everyday life. As Schoenberg and others rewrote the previously accepted tonal grammar of music, so Mondrian and his colleagues sought a syntax for painting that would be independent of local mimesis, and yet, like Schoenberg's music, close to a 'more fundamental reality'. It is very difficult to see in this kind of work anything to cause the effects that are claimed for it. It may function as an ikon, by reminding its followers of a theosophical religious belief, but its effects are largely contemplative, and so transformative of the individual. As harmonious designs, rather than as religious symbols, works like this can give great pleasure.

Modernism and art movements

Were the artists discussed above part of '*the* modernist movement'? Not if that implies a single centrally agreed set of ideas, like those of a political party, even though some of them, as I have suggested, achieved a very wide diffusion. Given the pluralism and dissent that characterizes this period, we can see that modernist avant-garde groups – Vorticist, Imagist, the Second Viennese School, De Stijl, Dada, surrealist, and so on – brought about a serious generational change. And when groups of the more or less like-minded got together, as in the Vorticist movement, we can see that Pound and Eliot and Joyce and Lewis, and others, like Hulme and Flint, who were in intimate contact with them, made a temporary common cause, in a 'movement', through which a collective self-consciousness is most obviously, yet often mendaciously, made apparent by a manifesto by one of them, as in Wyndham Lewis's two issues of *Blast* in London, thus, he thought, bringing about a 'great modern revolution', in all the arts, against the 'weeping whiskers' and 'fraternizing with monkeys' of the Victorians. For him, and for Pound, it was the end of the Christian era.

The same self-consciousness affects Kandinsky and Schoenberg from 1909 to 1914, and also the other members of the Blaue Reiter group (including August Macke, Franz Marc, and Gabrielle Münter). Their *Almanack* of 1912 is evidence for a similar change of ideas in Munich. This means that long before the rise of 'theory', much modernist art is to be understood through the quasi-philosophical, theological, and psychological speculation which helped to inspire it, for example in work like Kandinsky's *On the Spiritual in Art* (1912), W. B. Yeats's *A Vision* (1925), and the writings of the De Stijl group.

As we shall see, some avant-garde groups adopted methodologies which pursued more obviously immediate political ends, notably in the early German expressionist and futurist movements, Dada in Germany after 1918, and in the programmes of the Bauhaus, which were deeply concerned with modernity and particularly with the place of technology in society. For it is the architecture of the period which stays with us, and defines a past period; the then newly invented Bauhaus architecture, furniture design, and printing conventions are still with us today. In particular, they were concerned with the changing relationships between man and machine. As Moholy-Nagy puts it, in an essay called 'Constructivism and the Proletariat' (May 1922):

> The reality of our century is technology: the invention, construction and maintenance of machines. To be a user of machines is to be of the spirit of this century. It has replaced the transcendental spiritualism of past eras.

And he continues:

> Everyone is equal before the machine, I can use it, so can you. It can crush me; the same can happen to you. There is no tradition in technology, no class-consciousness. Everyone can be the machine's master or its slave.

Such utopian programmes were often intended to be democratic and egalitarian, though were rarely so in effect, as Charlie Chaplin's *Modern Times* (1936) demonstrated to huge audiences throughout Europe and America.

A similarly comic and yet threatening approach to the machine was also taken by Francis Picabia and Marcel Duchamp, in particular in the periods when they were together in New York, between 1915 and 1917, spreading Dada-like ideas and becoming immensely influential on the development of modernism in America. Picabia's *Prostitution Universelle* of 1916 (Illustration 6), one of a number of similarly themed works, takes the bodily, sensual response away from a depiction of woman as a machine, and with a good deal of misogyny implied. At this time, Picabia proclaimed that 'the genius of the modern world is machinery.... really a part of human life – perhaps the very soul'. One can appreciate the metaphors of energy and technology involved in this and in Picabia's depiction of a *Young American Girl* as a sparking plug – she is primarily a modern object, controlled by men (as in the E. E. Cummings poem 'she being brand new', where male control in intercourse is compared to the driving of a car). A very complex development of this early, playfully anarchist and Dada-inspired allegory for sex and the modernity of the machine is to be found in Duchamp's famous *Large Glass* (1915–23) and the works leading up to it.

It is the general diffusion of ideas through the critical interpretation of the time (as in the work of Fry and Bell cited above), rather than the rhetoric of manifestos, which brings us

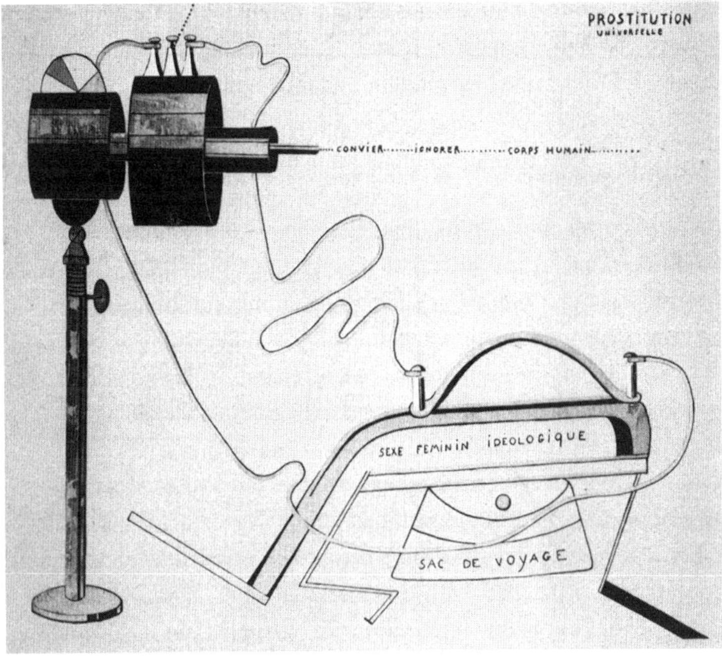

6. Francis Picabia, *Prostitution Universelle* (1916). Human beings as seen within the machine age

most closely to the changes in thought and sensibility that the experience of new works of art can bring about. It was the responses of many writers, like those of Vauxcelles and Apollinaire to early cubism, which extended the reception of the artists' new language – by inventing discourses which approximated to the particularities of the technique involved. There is therefore a gap between our awareness of the innovatory intentionality of Braque and Picasso in 1910–11, and the later extrapolating interpretations of their work, which helped to create the notion of a cubist avant-garde, for example in the work of Gleizes and Metzinger and propaganda for the *Section d'Or* exhibition by 1912.

It is through this kind of reception that artists in all media became aware of a European movement, which wanted to 'make it new' and thought of itself as 'modern', or modernist.

Neoclassicism

There is nevertheless a distinction to be made between this kind of self-conscious avant-gardist change in the language of art, and a perhaps simpler and more socially accommodating desire to 'make it new'. Many artists did not want to be seen as somehow bound up, for good or ill, into someone else's propagandistic discernment of 'reactionary' and 'progressive' tendencies. Stravinsky is a notorious example of this. He produced some of the 20th century's most revolutionary works, and yet never belonged to a modernist movement of the kind mentioned above. Nevertheless, it was surprising that after his experimental and confrontational ballets, notably the *Rite* (1913) and *Les Noces* (1914–17, orch. 1923), he took to making works like *Pulcinella* (1919–20), in a much easier language; indeed in a neoclassical, pastiching style. This ballet, with songs from the orchestra pit, derived from an orchestration and very partial recomposition of works originally attributed to Pergolesi, and had costume designs by Picasso. It was classical, clear, not at all Russian, French rather than Germanic, and so came perilously close to the mere pastiche of other ballets of this period, such as Respighi-Rossini's *La Boutique Fantasque* (1919) and Tommasini-Scarlatti's *The Good Humoured Ladies* (1917), which were also spiced-up arrangements of previous music.

Stravinsky thought that *Pulcinella* was another revolutionary work, in its juxtaposition of orchestral timbres as if they were colour contrasts (for example, in the wonderfully jazzy duet between trombone and double bass). But the work was too charming to seem experimental, and the combination of graceful melody and Picasso's neoclassical-and-cubist commedia dell'arte figures made the work (thanks again to Diaghilev) seriously fashionable. By 1934, Constant Lambert could complain that 'a composer with no creative urge and no sense of style can take medieval words, set them in the style of Bellini, add 20th-century harmony, develop both in the sequential and formal manner of the 18th century, and finally score the whole thing for jazz band'. But Stravinsky was not that kind of composer; and the great neoclassical ballets which succeeded to *Pulcinella*, from *Apollo* to the partly twelve-tone *Agon*, are now central to the repertory of modern ballet, thanks to the genius of their choreography by George Balanchine.

Stravinsky was accused by the Schoenberg party of reactionary regression, and a failure to grasp the internal dialectic of a truly progressive artistic development for the language of art:

> 'No, no,' protested Stravinsky. 'My music is not modern music nor is it music of the future. It is the music of today. One can't live in yesterday nor tomorrow.'
>
> 'But who are the modernists then?'
>
> Stravinsky smiled. 'I shan't mention any names,' said he, 'but they are the gentlemen who work with formulas instead of ideas. They have done that so much they have badly compromised that word "modern." I don't like it. They started out by trying to write so as to shock the Bourgeoisie and finished up by pleasing the Bolsheviki.'

Schoenberg knew of this interview, and wrote a reply in his 'Igor Stravinsky: Der Restaurateur' dated 24 July 1926. Its first line is: 'Stravinsky pokes fun at Musicians who are anxious (unlike himself, he wants simply to write the music of today) to write the music of the future.' Here are two great composers (and their followers) battling for long-term influence: Schoenberg is sanctified as progressive and Stravinsky vilified (by Adorno, as late as 1948) for having fallen into a state of 'infantile' regression which led to neoclassical pastiche.

This difference, between being part of a more or less organized movement and the merely 'contemporary' exploitation of a popular or fashionable style, becomes more and more important as modernist developments are more and more politicized. For Adorno, Schoenberg is obeying the inner laws of history, as seen by a Marxist: as he puts it in the 'Schoenberg and Progress' section of his *Philosophy of Modern Music*:

> The rules [sc. of twelve-tone music] are not arbitrarily designed. They are configurations of the historical force present in the material. At the same time, these rules are formulae by which they adjust themselves to this force. In them consciousness undertakes to purify music of the decayed organic residue. [sc. of earlier styles] These rules fiercely wage battle against musical illusion.

This is Marxist theory written into aesthetics, with its perception of an inner dialectic of history, and its challenge to the 'false consciousness' of the individualistic bourgeoisie, which is embodied in the hitherto accepted musical tradition.

But the turn to the art of the past in the 1920s did not look like that to its participants. For these allusive assertions of continuity took on a distinctively modernist, parodic, and ironic mode, which engaged directly and critically with the social assumptions of its audience. It was all the more affronting, in that it succeeded a pre-war period of intensely serious formal experiment. As Paul Dermée suggested, 'A period of exuberance and force must be followed by a period of organization, stocktaking, and science, that's to say a classicist age', and Pierre Reverdy thought that 'fantasy gave way to a greater need for structure'. This reappraisal of the artist's relationship to the past opened up an aesthetic of stylistic self-consciousness and hence an acute awareness of the contrast between modernity and the past. '*Pulcinella* was my discovery of the past, the epiphany through which the whole of my late work became possible', said Stravinsky. The work is to be seen in relation to the history of art, and the technique allowed for the irony which is a leading characteristic of high modernist art: 'The convention is preserved: the characteristics of waltz, galop, or march are reduced to type-models, deliberately exaggerated and given an ironical note, so that the social prototype is revealed by means of caricature', and not just in the work of Stravinsky, but in that of Les Six, Prokofiev, Shostakovitch, Ravel, and many others. But it also allows, in more serious work like Stravinsky's *Octet*, which goes back to Bachian counterpoint, for a deeper sense of tradition. Stravinsky thought of it in terms borrowed from painting, as a spatial object akin to geometrical abstraction: 'My *Octuor* is not an "emotive" work but a musical composition based on objective elements which are sufficient in themselves. . . . an object that has its own form. Like all other objects it has weight and occupies a place in space.' As Messing remarks:

> In this work, Stravinsky appears in the light of the constructivist, of geometry; all of his thought is translated into precise, simple, and classic lines; and the sovereign certainty of his writing, always renewed, here takes on in its dryness and precision an authority without artifice.

This stylistic pluralism, and the accessibility brought about in some cases by simplification, is typical of the post-war period, in which modernist styles become fashionable, and it marks a great increase in works of art that depend on this historical canonic allusiveness. All this was part of a post-war 'call to order' in the arts (which was also associated, for many more minor artists, with a generally conservative recall to patriotic and nationalist forms of order in politics). Modernists of all kinds turned themselves to the adaptation of past works, to stylistic eclecticism, to parody, to neoclassic revivalism, and so on.

For example, Léger's *Le Grand Déjeuner* [*Breakfast, Large Version*] (Illustration 7) moves away from the simultaneist celebration of modernity in *La Ville* towards a mechanized version of neoclassicism. These are 'odalisques', and so remind us of the neoclassical painter Jean Auguste Dominique Ingres; the shiny grey skin-tone looks polished and sculptural, recalling the heroic, stoic spectacle of David; and in the swelling up of the women's bodies, it

7. Fernand Léger, *Le Grand Déjeuner* (1920–1). A cubist monumentality which leaves little room for the eroticism of previous depictions of the nude

recalls the classical style of Nicolas Poussin, in a manner similar to Picasso's neoclassical works of the time, such as *Trois femmes à la fontaine* [*Three Women at the Spring*] (1921) (Illustration 8). Picasso even made a Renaissance-inspired red chalk cartoon study for this very sculptural image, which alludes to Poussin's *Eliezer and Rebecca at the Well* (1648). But what it most resembles is Greek funerary sculpture, and the tone of the picture is certainly sad and restrained, which is paradoxical, because the subject usually connotes the celebration of fertility. Elizabeth Cowling suggests that the picture may be an act of post-war mourning.

This art was never merely dismissive or parodic: and that again is the difference between the neoclassicists and the postmoderns. Neoclassicism in the arts appealed to the ideas of the abstract, absolute, architectural, pure, concise, direct, and objective, and marked a return to a belief in the 'universal' language of art, rather than in the radical invention of new ones.

8. **Pablo Picasso, *Trois Femmes à la Fontaine* (1921). Women as statues: neoclassicism in competition with its predecessors**

Picasso's move to an overtly mimetic neoclassical style also looked to some like an abandonment of avant-gardist experimentation. (He was also interested in imitating Ingres, in his portrait of Madame Wildenstein, for example.) John Berger later argued that such works:

> are not as satisfying or as profound as the originals because there is a self-conscious division between their form and content. The way in which they are painted or drawn does not come out of what Picasso

has to say about his subject, but instead out of what Picasso has to say about art history… [he] gives Madame Wildenstein the mask of an Ingres, he could have given her the mask of a Lautrec, but it would have been socially undesirable.

Tradition

The work of Ezra Pound and T. S. Eliot is clearly 'European'… The 'European' poet is acutely aware of the social world in which he lives, he criticizes it, but in a satirical rather than in an indignant manner, he adjusts himself to it, he is interested in its accumulated store of music, painting, sculpture, and even in its bric-a-brac. If the poet is in the 'European' tradition, he describes the elements of civilisation wherever he finds them: in Rome, in Greece, in Confucius, or in the Church of the Middle Ages; and against these he contrasts the violence and disorder of contemporary Life.

Modernists took a very broad view of the culture in which they found themselves. Eliot's demand for an 'historical sense' still has room for Marie Lloyd and 'that Shakespeherian rag' in *The Waste Land.* Nevertheless, if you read the first section of the poem alone, you will have to know at least some Chaucer, Shakespeare, Wagner, Old Testament, Greek and 'vegetation' myth, Baudelaire, and so on. Indeed, as Eliot put it in his 'Tradition and the Individual Talent', 'not only the best, but the most individual parts of [a poet's] work may be those in which the dead poets, his ancestors, assert their immortality most vigorously', because avant-gardist originality here comes from the way in which Eliot's selection from the canon of European literature, as he sees it, is used to make a complex point about the relationship of cultures across time. This willingness to adapt the works of the past is common to Joyce, Picasso, Stravinsky, Berg, Schoenberg, Thomas Mann, and many others. For Stravinsky, tradition 'results from a conscious and considered acceptance… A method is replaced: [whereas] a tradition is carried forward in order to produce something new. Tradition then asserts the continuity of creation.' Modernists of the 20th century were consciously reflective about the relationship and contrast of their work to that of the past, with which they competed. It is soaked in history, and it works by a repetition of themes (which gives it universalism) and a simultaneous contrast to the past (which very often imparts a relativist irony). Nevertheless, the imitation of a Bach Chorale in *The Threepenny Opera*, which suggests the decline of religion into popular and insincere sentiment, is very different from the quotation of the Bach Chorale '*Es ist genug*', from *Ewigkeit, du Donnerwort*, which makes an unbearably elegiac climax for Berg's *Violin Concerto*. Both composers give a depth of meaning to their work by expecting it to be recognized, so that something from the original textual context can be an emotional implication of the modern work. Such effects go far beyond mere pastiche, because they are not just stylistic deviations, but arouse a sense of the generally non-nostalgic availability of works from the past as touchstones for our feelings in the present.

These appropriations brought much of modernism within a self-consciously European movement. Pound, Eliot, and Joyce (that is, two Americans and an Irishman) believed in the 'mind of Europe' – to which for them the ideas of Henrik Ibsen, Nietzsche, Bergson, Freud, Einstein, Marinetti, and others had made vital contributions. All the major modernists were acutely aware of other languages and other cultures, even when they were also deeply involved with nationalist concerns (like Yeats, who had an absorbing interest in Indian and Japanese cultures as well as Celtic ones). The range of reading of Yeats, Mann, Gide, Joyce, Stravinsky, for example, was amazingly wide. Picasso's references to painting, and Schoenberg and Berg's to the music of the past, was similarly encyclopaedic, and their work is as complex as that of Eliot and Joyce in this respect.

But there are no major modernists in Europe whose work was not also significantly inspired by non-European national cultures, including aspects of non-Western cultures in many cases, as in Mahler's in *Das Lied von der Erde*, Yeats's Noh plays and late poetry, Pound's *Cathay*, Brecht's *The Good Woman of Sezuan* and

The Caucasian Chalk Circle, and Hesse's *Siddhartha*. And German expressionist painters, the early Picasso, Darius Milhaud, Stravinsky, and D. H. Lawrence were among the many modernists who were interested in what they thought of as 'primitive' cultures, mostly African, and in adapting them within European art.

The development of experimental or advanced art in America also depended very largely (in the earlier period) on an absorption of European culture – very obviously so in the cases of Wallace Stevens, E. E. Cummings, and the early William Carlos Williams, who were all Francophile.

Williams and Stevens are of particular interest in this respect because of their knowledge of post-cubist painting, notably as displayed in New York in the famous Armory Show of 1913. As Williams put it:

> In Paris, painters from Cezanne to Pisarro had been painting their revolutionary canvases for fifty or more years but it was not until I clapped my eyes on Marcel Duchamp's *Nude Descending a Staircase* that I burst out laughing from the relief it brought me! I felt as if an enormous weight had been lifted from my spirit for which I was inordinately grateful.

His abandonment of narrative sequence, for example in *Al Que Quiere*, makes his poems very like pictures. He wanted an effect like that of modern painting, as in the visuality of a poem like 'Metric Figure', and this led him to a concern for the thing or the object (as in Cézanne and the cubists) and hence to the development of dynamic still life in poetry. For him, the poem is, like the work of visual art, an autonomous object with its own shape.

In the introduction to his proto-surrealist *Kora in Hell*, he says that 'the true value is that peculiarity which gives an object a character by itself. The associational or sentimental value is false.' His 'Spring

Strains' (in *Al Que Quiere*, probably from late 1916) is an attempt at a cubist painting in words. His fragmentation of sentence and image is obvious in 'The Great Figure', a poem which was interpreted in a painting by Charles Demuth, his 'I saw the Figure 5 in Gold' [1928], which was made in association with Williams. By then, he was searching for the distinctively 'American' subject (along with Stieglitz, Demuth, and Hartley). His idea of the new is firmly based in modernist techniques, but needed an equally unprecedented American subject matter to become independent, in poetry, of the Pound and Eliot Europeanizing tradition. In the prose sections of *Spring and All*, he synthesizes the values of abstraction with his desire to discover the American object (like the photographers and painters in the Stieglitz group) in 'the visual reality of the American scene'. Dijkstra points to the 'January Morning' sequence of fifteen poems in *Al Que Quiere*, each with one or two objects closely observed, 'to form a "suite" of essentially photographic images', of which the famous wheelbarrow poem is exemplary.

Wallace Stevens was always 'American' by working in a kind of Emersonian transcendentalist tradition, but also, like Williams, was an associate of the art patrons Walter Arensberg and Carl Van Vechten, and so well aware of avant-garde goings-on in painting, including the famous Duchamp *Nude Descending a Staircase*, which he saw in Arensberg's apartment. His early poems are clearly influenced by similar relativities in visual experience, and he quite famously in his time showed this in his 'Thirteen Ways of Looking at a Blackbird' [1917]. Stevens's magnificently and always artfully paragraphed free verse was then a more than sufficient sign of avant-gardism. His 'The Man with a Blue Guitar', published in 1937, is a magnificent summation of his view of modernist art, and the philosophy of what we take to be our engagement with the world. It is an extended meditation about modernist artistic re-makings of reality, in verse and painting.

For a rather later writer, like William Faulkner, European modernism was a great part of what he knew – he had read Joyce and others, and then ferociously applied their stream-of-consciousness techniques. Quentin Compson in *The Sound and the Fury* (1929) is as widely intellectual, as allusive, and as poetically inclined as Prufrock and Stephen Dedalus. He is seen within the very contentious context of the Compson family, and the effects on them all of the post Civil War history of the South. All this is realized in as close a detail as anything in Joyce's Dublin. Along with this goes an immensely complex mythical and symbolic organization. The episodes of *The Sound and the Fury*, for example, parallel the three days of the Christian Easter, and Faulkner constructs here, and in *Absalom, Absalom*, a virtuosic interrelationship between novel plot and the tragic revelation of the historical past from which it emerges. The epistemology of the Faulknerian novel – its relationship to distorted perceptions and relationships, and to an oral tradition of history, is one of the most complex in the modernist tradition, beyond anything in James and Proust. In the process, Faulkner became, like Woolf, one of the most overtly experimental novelists of the 20th century, because, as with Woolf, each of his books (until the late, largely realist Snopes trilogy) is written in an intensely poetic prose, and takes on a wholly individual and significant formal organization: for example, in the psychological cross-purposes and episodic fragmentation of the many interacting streams of consciousness in *As I Lay Dying*.

It was quite late in the day when Williams, for example, came to reject this European dominance and to ask for modernist techniques to be applied to a distinctively American subject matter. But 'purely American' artistic movements of worldwide consequence, which had worked their way beyond European modernist concerns, had to wait until the Second World War; and it was not until the emergence, from surrealist and other beginnings, of abstract expressionism in painting, that a native and independent American art movement achieved an experimental originality and eminence which was clearly indigenous, and of international importance. And it is equally clear that in the post-Second World War period, American experimental fiction, by Walter Abish, John Barth, Donald Barthelme, Robert Coover, Don De Lillo, William Gass, and others, displayed a greater originality, vitality, and interest than any other contemporary experimental narrative tradition (including the theory-bound French 'new novel').

Nearly all the major modernists saw their work for the most part as coming out of and replying to, and alluding to, earlier traditions of art of which they were acutely aware. Matisse and Picasso, for example, were very capable of painting in earlier styles, and thereby achieving a universality which was broadly neoclassical in inspiration. Until the advent of the Dada and surrealist movements, with their immensely neoromantic emphasis on individual imagination and creativity, the aim for most of them was not just to be 'new', or 'original', or 'experimental', or 'revolutionary', as if one had no predecessors. The earlier modernists thought of tradition, first of all, as an historically defined set of conventions within, and beyond, which they could *work* – as Debussy goes beyond Wagner, and Schoenberg sees his work as building on that of Brahms. Hence too the atonal metamorphoses of the Mahlerian march movement in Webern's *Six Pieces for Orchestra* (1909–10), and Berg's *Three Pieces for Orchestra* (1914–15).

Of course, some modernists were in favour of as complete a rejection of the past as possible. This led to strong claims for originality, which then, as now, were often transmitted at the cost of unintelligibility by the standards of the past, or by a simplistic rejection of them. Marcel Duchamp's rejections, which stem from the emancipatory aims of original Dada, have been particularly influential in this respect. His famous *Fountain* (1917) is a work symbolic of this kind of avant-garde. By buying an ordinary urinal, turning it upside down, and signing it 'R. Mutt', Duchamp tested the spectator's notion of what constituted a sculpture, or 'work of art', and perhaps even more significantly for later developments, he tested art institutions by asking, in effect, what, in the future, they would be willing to exhibit as (if they were) works of art. This opens up a number of themes that are central to postmodern art.

Cultural diagnosis

Given this set of assumptions, modernist artists and intellectuals saw themselves as serious cultural critics. In England, the prose of Pound, Eliot, Wyndham Lewis, D. H. Lawrence, and Aldous Huxley (and Mann and Gide, and many others elsewhere) most certainly shows this. They tended to be divorced from and marginal to the society in which they lived, following the 19th-century dissenting anti-bourgeois tradition of Flaubert, Ibsen, Wilde, and Freud. Eliot, for example, whose prose is really quite conservative, begins by imitating the absurdly self-deprecating poems of Jules Laforgue, who had shown him the way by laying bare the bourgeois self-deceptions of the age in poetry that was ironic and comic. Hence too, Joyce's advocacy through Stephen Dedalus of a dissentient morality, divorced from conventional political and religious constraints, in *A Portrait,* which is the classic instance for the individual dissenter, who finds a vocation in art, and most particularly in its language, rather than in the social demands of religion, or politics. This is Stephen the student, who is told that his essay on 'Art and Life', devoted to Ibsen, 'represents the total sum of modern unrest and modern freethinking'. Hence also the evolution of Marcel's consciousness in *Á la recherche du temps perdu,* from a naïve acceptance of class assumptions to a detached, subjectivist criticism of them. And many of the major works of this period were based on a concern for the contrast between the high culture of the past and the decline of current social conditions.

One of the most widely read of the books exploring this sort of contrast was Thomas Mann's *The Magic Mountain* (1924), also in essence a Bildungsroman (or novel of educational development) in which the young Hans Castorp is, according to his author:

> led in a comical and spine-chilling way through the spiritual antithesis of humanitarian and Romantic attitudes, progress and reaction, health and disease, but more for their intrinsic interest, for the sake of knowing about them, than with a view to decision. The spirit of the whole thing is humorous-nihilistic.

Not at all like Stephen Dedalus, then, but his stay in a sanatorium (which is his university) involves him in an extended debate between Settembrini (modelled on the humanism and progressive liberalism of Émile Zola and his successors, including Mann's novelist brother Heinrich), and the cunning conservatism of Leo Naphtha (who is 'anti-reason', and is Jewish, Jesuit, elitist, and communist, and modelled on Georg Lukács). And, towards the end of the novel, we hear from Peeperkorn (who represents the Nietzschean Dionysian principle, and is modelled on Gerhart Hauptmann). Through them, the rather dim Castorp goes through one *Weltanschauung* after another, that is 'humanism, spiritualism, psychoanalysis, and primitive communism laced with Gnostic heresy'. In this debate on the mountain, he is supposed to rise above the usual social conditions down below and to achieve a kind of contemplative detachment, but, as we shall later see, the resolution of Castorp's dilemmas is of a rather different, non-discursive kind.

Throughout, Castorp and the reader have to battle with those hypostatized abstractions, which many see as part of German culture, and so the philosophical and cultural contrasts which Mann wishes to bring forward lack any really concrete exemplification. E. M. Forster manages such contrasts, through a similar awareness of the relationships between realism, symbolism, and religious myth, far more specifically, in the three contrasting parts of his most modernist and poetic book, *A Passage to India* of 1925, in which English imperialist worldviews and those of Muslims and Hindus are brought into a state of dramatic conflict and contrast.

The 'high culture' for such writers preserves culturally significant ideas, in forms that make them accessible on all sorts of levels, and also presents the issues that trouble the culture in a problematic and debatable form. And this is precisely what we can say for major works such as *The Waste Land, The Tower, Ulysses, Berlin Alexanderplatz, A Passage to India, Á la recherche du temps perdu, Jonny spielt auf, The Magic Mountain, The Orators, In Parenthesis, Between the Acts, The Man without Qualities, Dr Faustus*, and the *Caucasian Chalk Circle.* To this extent, modernism has a close affinity to the conflicts of the tragic tradition – but it is notable that the works just cited nearly all have a comic and ironic character, which, with its implicit appeal to ordinary human response, generally keeps the pretentiously theological at a distance, and the claims of philosophy (though not of morality) nicely relativized.

For such modernists, canonic works were their points of reference for important and essentially contestable moments in the past history of humanity, some serious and centrally based, such as Eliot's use of Chaucer and Wagner and Buddha and vegetation myth in *The Waste Land,* and others more marginal, as in Pound's early *Cantos*, with their juxtapository adaptation of the paratactic style of Browning's poetry, reliance on Fenollosa's view of Chinese, use of the economic theories of Douglas, and highly idiosyncratic reading of Renaissance and economic history, all of which have proved to be more marginal to later 20th-century concerns than those of Eliot.

Such themes are, taken together, inherently liberalizing in effect, providing means by which we can come to terms with and understand the plurality of worldviews and the contrast of values within Western civilization, and also understand how the modern age came to be. Above all, it avoided the manic certainty and selectivity of those ideologies which were to oppose modernist art in the 1930s and beyond.

The idea of myth

We can perhaps see all this a bit better in relation to a more extended example.

The psychological indictment of contemporary life in *The Waste Land* was easily appreciated by its early commentators. I. A. Richards saw the poem as an expression of 'the state of mind of a generation after the war'; and as concerned with 'sex as the problem of our generation as religion was of the previous one'. And C. Day Lewis thought that: 'It gives an authentic impression of the mentality of educated people in the psychological slump that took place immediately after the war.'

But the larger issues within the poem, particularly of religion, were not so easily seen, because here, as in *Ulysses*, they are seen in terms of myth, which was thought of by many modernists (particularly those of a psychoanalytical turn of mind) as expressing not just the 'primitive' fantasies of contemporary human beings, but also the child-like nature of the beginnings of the race; and through that arose the troubling thought that ancient myth may secretly underlie modern experience, particularly when it is sexual or regressive. That is what Eliot is relying on in *The Waste Land*, having admired Joyce for doing the same thing in *Ulysses*. Eliot indeed thought of the 'mythical method' he found there as comparable, for its potential effect on creative writing, to 'the discoveries of Einstein'. This is because 'Psychology (such as it is, and whether our reaction to it be comic or serious), ethnology, and *The Golden Bough* have concurred to make possible what was impossible even a few years ago'. (It was apparently impossible even for Yeats, who is unfairly hailed here as a mere 'adumbrator' of the method.) The mythical method was 'a step towards making the modern world possible for art' (and here is the proclaimed cognitive gain). For given the allusion from A to B, there can also go a critical juxtaposition, for example, in *The Waste Land* when the lovers on the

Thames of the present – the girl in the canoe, seduced near Richmond – seem to be much more sordid than the lovers – Queen Elizabeth and Leicester – dallying on the Thames in a royal barge of the past – or are they?

Eliot and many of his contemporaries went to the culture of ideas for a conception of myth which is inherently problematic and debatable, as we can see if we look at the divergence of views expressed in his many sources. The modernist use of myth in creative work is an amalgam of various conflicting discourses, all of which have their own interesting relations to the culture in which the artist works. For Eliot alone, we would have to look at a wide range of possible sources, such as those mentioned in the 'bogus scholarship' of the notes to *The Waste Land*. Once we embark on such a search, as so many have done in the hope of finding a master myth to unite the poem, we will find that we also have to contend with Eliot's thoughts about the relationship of myth to primitivism and religion, his reading of Frazer (particularly on 'The Dying God' in volume 4 of *The Golden Bough*), and of Jessie L. Weston (up to a point), and of Jane Harrison and other Cambridge anthropologists, his notions of ritual in relation to myth, and his general knowledge of anthropology from his university courses, and so on.

Once we have located such materials, we would then need to assess their varying 'cultural weight', as they go into and come out of the poem. Such discourses may be part of a conversation, or a phrase read in a book (such as Stephen Dedalus's definition of history as a 'nightmare from which I am trying to awake', which surely lies behind *Gerontion*), or come from the treatises, poems, and anthropological, philosophical, and depth psychological works alluded to above.

All these possible sources for Eliot's general idea of myth make us aware of issues or dilemmas troubling the culture, particularly, in this case, a late version of the 'can myth support or supplant religion?' debate. These dilemmas have helped to ensure the canonic status of the work and its continued vitality in interpretation (which is similarly obvious for works like Mann's *Joseph and His Brethren* and, as we shall see, Picasso's *Guernica*). The question of the status of myth should matter as much to religious believers as it did to Eliot in *The Waste Land*, and for similar reasons. The point of the technique is indeed to make a cultural diagnosis in the light of history, so that *The Waste Land* (and Pound's *Draft of XVI Cantos*) is 'a vision of European decay' (as also are Lawrence's *Women in Love*, Mann's *Death in Venice* and *Magic Mountain*, Yeats's 'Nineteen Hundred and Nineteen', and many other texts in this period).

Most importantly, the modernist view of myth can put the arts into a new and potentially usurping relationship to history: for it can see (with Nietzsche) the writing of history itself as a form of myth-making, and conversely, myth as constituting the inevitable form of a nation's underlying history, as, for example, in Yeats's poetry and plays, where ancient Celtic myth conveniently manages to bypass the history of Christianity in Ireland by antedating it, and so find a 'true Ireland' outside the Catholic Church. Or it can support a conservative denial of 'progressive' change through a history, because it is 'really' subject (following Nietzsche again) to the mythic repetition of recurrent universals, as it seems to be in *Ulysses*. Myth is a perpetual, if conservative and perhaps pessimistic, challenge to Marxist or any other progressive views of the inner economic workings of history, as it is also to any notion, outside science fiction, that the progress of science and technology will radically transform the conditions of human behaviour. Indeed, a modernist would say that science fiction and utopian fantasy themselves tend to have all the repetitive structural features of ancient myth, which are to be found in all stages of scientific evolution.

Nearly every major modernist – Yeats, Eliot, Pound, and Auden, Gide, Joyce, and Mann, Stravinsky and Schoenberg, Matisse,

Picasso, and the surrealists – was at some stage preoccupied by this relationship of myth to culture, and used it as a narrative, structural, and allusive principle in their work.

Once modernist art could, in Arnoldian fashion, dispute the claims of religion and history to explain culture, we find that divergent works like Rilke's *Elegies*, Eliot's *Four Quartets*, and Mann's novel sequence *Joseph and His Brothers* are in a very uneasy relationship to orthodox religion as understood by the majority in the period. This is largely because art since the late 19th century had claimed to go deeper than all such orthodoxies, towards the far deeper and enduring ancient wisdom to be found in the history of religious myth-making. As Mme Blavatsky, who inspired Yeats, put it:

> It is perhaps desirable to state unequivocally that the teachings, however fragmentary and incomplete, contained in these volumes, belong neither to the Hindu, the Zoroastrian, the Chaldean, nor the Egyptian religion, neither to Buddhism, Islam, Judaism nor Christianity exclusively. The Secret Doctrine is the essence of all these. Sprung from it in their origins, the various religious schemes are now made to merge back into their original element, out of which every mystery and dogma has grown, developed, and become materialised.

Literature based on such premises had new responsibilities: as Symons put it in his *Symbolist Movement*: 'speaking to us . . . as only religion has hitherto spoken to us, [literature] becomes itself a sort of religion, with all the duties and responsibilities of the Sacred Ritual'. Given the secularizing effect of modernity, the involvement of the modernists with myth and religion may seem surprising, but many of them, including the religious (Kandinsky, Mondrian), those who were to move back to orthodox religion (Eliot, Stravinsky, Auden, Schoenberg) and the doubtful but tempted (Gide), the happily unorthodox mythologizers (Yeats, Stevens) and the happily secular Bloomsbury agnostics, all saw the claims of art as in some way contesting or complementing those of orthodox religion. Many others, like Yeats, Shaw, Lawrence, and Mann, were looking for religion substitutes, or following thinkers like Jung into the search for psychologically effective equivalents for it (Huxley, Yeats), or developing psychological arguments against it as a mere illusion, while at the same time having a strong sense of its neurotic inevitability, as did Freud. This search for an inspirational authority within the high culture rather than within religious institutions is a prime legacy of the modernist period.

Chapter 3
The modernist artist

The discovery that memories, thoughts, and feelings exist outside the primary consciousness is the most important step forward that has occurred in psychology since I have been a student of that science.

William James, *The Principles of Psychology* (1890)

The deepest problems of modern life flow from the attempt of the individual to maintain the independence and individuality of his existence against the sovereign powers of society, against the weight of the historical heritage and the external culture and technique of life.

Georg Simmel, *The Metropolis and Mental Life* (1903)

Let us examine for a moment an ordinary mind on an ordinary day... Let us record the atoms as they fall upon the mind in the order in which they fall, let us trace the pattern, however disconnected and incoherent in appearance, which each sight or incident scores on the consciousness.

Virginia Woolf, 'Modern Fiction' (1925)

The subjective point of view: stream of consciousness

The early tendency of modernist art was to present subjective experience, and to stress its importance, as never before. The major artists of the period, who had inherited from the late 19th century an emphasis on the role of imagery, symbolism, dreams, and the unconscious, tended always to favour the individual's self-realization, and what is more, through imaginative, intuitive, and, as we shall see, 'epiphanic' ways of coming at the truth, which were often in contention with more rational or public modes of argument. And this consideration applies to all the arts: it is as applicable to the introspections of Debussy's *Pelleas*, and Klytaemnestra's dream aria in Richard Strauss's *Elektra*, as it is to the poetry of Apollinaire and Eliot; to expressionist expression of feeling in the poetry of Gottfried Benn and Schoenberg's *Erwartung* and *Pierrot Lunaire*; to the fauvists following Van Gogh in their expression of mood by abandoning local colour; to the clearly subjective point of view of cubism, and Kandinsky's visionary abstractions.

The modernist use of 'stream of consciousness', with its reliance on image-association (which was often supposed to be driven by the unconscious), is basic to all the arts. It aims at a greater fidelity to private psychological processes, often with the characteristics stressed by Bergson, concerning the flexibility of our experience of subjective time (*durée*) as opposed to public time. When reported, such thoughts do not obey the usual public conventions of a written language, as it had previously been understood. Here, Joyce's Leopold Bloom thinks about a fish:

> Phosphorous it must be done with. If you leave a bit of codfish for instance. I could see the bluey silver over it. Night I went down to the pantry in the kitchen. Don't like all the smells in it waiting to rush out. What was it she wanted? The Malaga raisins. Thinking

> of Spain. Before Rudy was born. The phosphorescence, that bluey greeny. Very good for the brain.

Or in the 'Sirens' episode of *Ulysses*, when Bloom is oddly troubled by the repeated jingling of the bell on a jarvey's carriage. We can work out that this is so, because it almost reminds him of the jingling which the brass rings above the marital bed made in his opening breakfast scene with Molly, and will make, when his wife Molly is in it with her lover Blazes Boylan, that afternoon. It is up to us to interpret these images, and to make them cohere with our notions of Bloom's personality and the 'what is going on?' of plot. This is a central combination of technique (association, including the use of indirect allusion, and without explicit logical connectives) and idea – broadly speaking, the idea of a daydreaming mental process, particularly as it expresses itself in pre-speech thought. New notions of the private are involved here. Bloom is trying *not* to think about Molly Bloom's infidelity, but all the same having lots of associations to it, and his stream of consciousness expresses what he wouldn't or couldn't anyway say out loud (for example, his fantasies about women in the 'Nausicaa' and 'Circe' episodes, or the thoughts of the idiot Benjy in *The Sound and the Fury*).

The progressive and liberating gain is obvious – Joyce's Bloom really does have a fascinatingly 'ordinary' mind, Stephen Dedalus an amazingly creative one; and Molly's thoughts don't just take us into an account of her love-making, but express attitudes towards Boylan which would certainly not be part of her conversation, and reveal, as much modernist writing does, aspects of female sexual response which were significantly absent from the 19th-century novel.

> Titties he calls them I had to laugh yes this one anyhow stiff the nipple gets for the least thing I'll get him to keep that up and Ill take those eggs beaten up with marsala fatten them out for him what are all those veins and things curious the way its made 2 the same in the case of twins theyre supposed to represent beauty placed up there like those statues in the museum one of them pretending to

hide it with her hand are they so beautiful of course compared with what a man looks like with his two bags full and his other thing hanging down out of him or sticking up at you like a hatrack no wonder they hide it with a cabbageleaf.

The idea that the artist can in this way make a cognitive gain for us all in terms of psychological realism is clearly stated by Virginia Woolf, and it marks a conceptual shift, towards an exploration of particular philosophical ideas about subjectivity, which brings about a paradigm change in the 20th-century conception of the self. In realist novels, according to her:

> Every sort of town is represented, and innumerable institutions; we see factories, prisons, workhouses, law courts, Houses of Parliament; a general clamour, the voice of aspiration, indignation, effort and industry rises from the whole; but in all this vast conglomeration of printed pages, in all this congeries of streets and horses, there is not a single man or woman whom we know.

Woolf then imagines a Mrs Brown sitting opposite her in a railway carriage, as she might be described by H. G. Wells, John Galsworthy, or Arnold Bennett. These authors seemed to her to be 'of great value and indeed of great necessity', but their books 'leave one with so strange a feeling of incompleteness and dissatisfaction. In order to complete them it seems necessary to do something – to join a society, or, more desperately, to write a cheque.' She then describes how inadequately these three novelists would treat Mrs Brown, but 'The capture of Mrs Brown' is the title of the next chapter in the history of literature; and, 'let us prophesy again, that chapter will be one of the most important, the most illustrious, the most epoch-making of them all'. This 'capture' was attempted, in a brilliantly new, wholly un-Joycean, evocation of consciousness, by Woolf herself in her novels from *Jacob's Room* onwards. The main reason for her pursuit of this technique was that it was truer to Mrs Brown, and also preserved her inner, and quite ordinary, dignity (as the crazy thoughts of Septimus Smith do too, in *Mrs Dalloway*).

Musicians and writers and painters were united in this interest in the nature of private experience within modern conditions, and notably within the city. In such a light, we must think of *The Waste Land* as exploring the private, confessional, and neurotically confused nature of Eliot's experience of sex in London. And similarly, be aware of the nature of background but hardly conscious preoccupations when we look at Bloom's, Molly's, and Stephen's different responses to Dublin in *Ulysses*, or the three brothers in Faulkner's *The Sound and the Fury*, or Mrs Dalloway walking along Piccadilly and Bond Street. We have the sense, not just of occupying another person's mind, which can arouse morally and politically significant feelings of identification and sympathy, but also of appreciating the identity of an individual linguistic sensibility within a particular cultural milieu. It is not that external factors are absent, but that they are to be seen from an individual's perspective, thus abolishing, ignoring (or indeed silently presupposing), the realist knowledge of a reliable author. But what these psychological realists know about is something different:

> . . . Big Ben strikes. There! Out it boomed. First a warning, musical; then the hour, irrevocable. The leaden circles dissolved in the air. Such fools we are, she thought, crossing Victoria Street. For Heaven only knows why one loves it so, how one sees it so, making it up, building it round one, tumbling it, creating it every moment afresh; but the veriest frumps, the most dejected of miseries sitting on doorsteps (drink their downfall) do the same; can't be dealt with, she felt positive, by Acts of Parliament for that very reason: they love life. In people's eyes, in the swing, tramp, and trudge; in the bellow and the uproar; the carriages, motor cars, omnibuses, vans, sandwich men shuffling and swinging; brass bands; barrel organs; in the triumph and the jingle and the strange high singing of some aeroplane overhead was what she loved; life; London; this moment of June.

A respect for the individual's *subjective point of view*, and a distrust of conformity and group consciousness (such as the political judgement of the Citizen in *Ulysses* and the professional medical assumptions of Dr Bradshaw in *Mrs Dalloway*) is a major aspect of modernism. Many major novels investigate the point of view of a particular consciousness. Joyce's Stephen, Proust's Marcel, Mann's Hans Castorp, Woolf's Lily Briscoe, Alfred Döblin's Franz Biberkopf, Robert Musil's 'Man without Qualities'. And the poets, like Wallace Stevens, William Carlos Williams, W. B. Yeats, T. S. Eliot, Rainer Maria Rilke and Gottfried Benn, and many others, also carried within themselves the new epistemology of the age, as did, in particular, heroically subjective painters, from Wassily Kandinsky to Salvador Dali and Max Ernst, and musicians like Arnold Schoenberg and Alban Berg.

The growth of the analysis of the subjective point of view is seen philosophically in Bergson and psychologically in Freud, but was most rigorously pursued in the subjective self-reliance of modernist art, which delineated this kind of psychology, and also traced the growing emancipation of the expressive or creative individual from socially accepted forms of belief (as in Joyce's portrait of himself as Stephen Dedalus), or gave the reader an intimate sense of a differing or dissentient identity; and most interestingly, so far as the politics of our reading is concerned, those of women – as the heroine of Dorothy Richardson's huge stream-of-consciousness novel sequence, Molly Bloom, Mrs Dalloway, and Lily Briscoe show.

Epiphany and vision

Most striking within this mode is something that, following Joyce, one can call a reliance upon epiphanic experience. This can be broadly defined as a revelation, achieved not through discursive thinking, but from the close subjective apprehension of something which is entirely *particular*. Of course, there are foreshadowings of this in the literary tradition, from William Wordsworth and Gerard Manley Hopkins and French symbolism, and from

George Eliot to Joseph Conrad. But Joyce baptized a psychological process that was going to be central to modernist art.

> This is the moment which I call epiphany. First we recognize that the object is *one* integral thing, then we recognize that it is an organised composite structure, a *thing* in fact: finally, when the relation of the parts is exquisite, when the parts are adjusted to the special point, we recognize that it is *that* thing which it is. Its soul, its whatness leaps to us from the vestments of its appearance. The soul of the commonest object, the structure of which is so adjusted, seems to us radiant. The object achieves its epiphany.

This argument would also provide an explanation of the intended effects of much abstract art and still life painting, and could be an early sketch for the Bloomsbury notion of 'significant form'. But it is a further consequence, an intuition into the nature of reality, which is central to literary epiphany, as it occurs in Joyce, Mann, Woolf, Jean-Paul Sartre, and others. Joyce tends to see it as a psychological process of aesthetic detachment (which descends from Walter Pater) in which the mind is 'arrested' and 'raised above desire and loathing', within 'the most satisfying relations of the sensible' (which would apply particularly well to our apprehension of an art like Mondrian's).

And yet Stephen's example in *A Portrait* is a very Kantian one, of looking at a commonplace basket: 'you pass from point to point, led by its formal lines; you apprehend it as balanced part against part within its limits; you feel the rhythm of its structure'; it is a *thing*. 'You apprehend it as complex, multiple, divisible, separable, made up of its parts, the result of its parts and their sum, harmonious. That is *consonantia*.' 'Bulls eye', says Lynch, 'wittily'.

Woolf gives this kind of apprehension a far greater, less formal significance, and sees the relationship of the thing to the rest of the world as potentially revelatory.

I was looking at the flower bed by the front door; 'That is the whole', I said. I was looking at a plant with a spread of leaves; and it seemed suddenly plain that the flower itself was a part of the earth; that a ring enclosed what was the flower; and that was the real flower; part earth; part flower. It was a thought I put away as being likely to be very useful to me later.

Indeed, it was useful:

I feel that I have had a blow; but it is not, as I thought as a child, simply a blow from an enemy hidden behind the cotton wool of daily life; it is or will become a revelation of some order; it is a token of some real thing behind appearances; and I make it real by putting it into words.

... It is the rapture I get when in writing I seem to be discovering what belongs to what; making a scene come right; making a character come together. From this I reach what I might call a philosophy; at any rate it is a constant idea of mine; that behind the cotton wool is hidden, a pattern; that we – I mean all human beings – are connected with this; that the whole world is a work of art; that we are parts of the work of art. *Hamlet* or a Beethoven quartet is the truth about this vast mass that we call the world. But there is no Shakespeare, there is no Beethoven; certainly and emphatically there is no God; we are the words; we are the music; we are the thing itself. And I see this when I have a shock.

This intuition of mine – it is so instinctive that it seems given to me, not made by me – has certainly given its scale to my life ever since I saw the flower in the bed by the front door at St Ives.

What Woolf says here reflects a very general 20th-century scepticism about the group claims of philosophy, religion, and ideology in general. It is the individual who organizes experience – giving it the coherence, not of philosophy or religion, but of a work of art or of a narrative. The 'self' is not a walking compendium of moral principle, virtues and vices – that is, the outside view – but something which maintains the 'story' of an individual. It is this artistic ordering, local, but often extraordinarily strong and extended in its effects, as, for example, in Proust, upon which so many modernists rely.

It underwrites Lily Briscoe's final 'vision' in *To the Lighthouse*. She is trying to complete a picture which contains 'Mrs Ramsay sitting on the step with James'. (But Mrs Ramsay, who is central to the first part of the novel, has died some time before.) Her subsequent 'revelation' about life is wonderfully poised between the nature of the object, the historical event, and the nature of art in giving it order. This is just what painting does, perhaps, but perhaps not, because she is not just thinking about her painting here:

> Heaven be praised for it, the problem of space remained, she thought, taking up her brush again. It glared at her. The whole mass of the picture was poised on that weight. Beautiful and bright it should be on the surface, feathery and evanescent, one colour melting into another like the colours on a butterfly's wing; but beneath the fabric must be clamped together with bolts of iron.

And as she sees through the window that someone has come into the drawing room behind it, and fears that it may disturb the design of her canvas, she thinks that:

> One wanted, [she thought], dipping her brush deliberately, to be on a level with ordinary experience, to feel simply that's a chair, that's a table, and yet at the same time, It's a miracle, it's an ecstasy. The problem might be solved after all.

The central moments in Eliot's *Four Quartets* – which indeed presuppose an orthodox Anglican belief – aim at capturing just such epiphanic experiences, centred on symbols, and overtly aesthetic, not least because of the poet's extraordinary self-consciousness about the language of the poetry he is making, which is itself the theme of the final section of each 'quartet'. So that by the end of 'Burnt Norton':

Words move, music moves
Only in time; but that which is only living
Can only die. Words, after speech, reach
Into the silence. Only by the form, the pattern,
Can words or music reach
The stillness, as a Chinese jar still
Moves perpetually in its stillness.

The poem, conscious of itself, gives a symbolic meaning to this stillness of the whole poem, which is full of symbolic leitmotifs, so that it connotes theological notions, here of God as an 'unmoved mover'. So this rather Keatsian reflection on the autonomy of the work of art also has its deeper metaphysical implications. And the reliance here on notions of form and pattern again strongly suggests the contemplation-inducing 'significant form' of abstract art. The poem also takes advantage of the nonverbal abstraction of music – that is, the music of its own poetic movement, as well as its use of a musical symbolism, which again has theological implications, which are nevertheless seen as rooted in a significantly individual epiphanic experience:

Not the stillness of the violin, while the note lasts,
Not that only, but the co-existence,
Or say that the end precedes the beginning,
And the end and the beginning were always there
Before the beginning and after the end.
And all is always now.

As Kermode has put it, what is dominant here is 'the Symbolist conception of the work of art as aesthetic monad, as the product of a mode of cognition superior to, and different from, that of the sciences'. The *Four Quartets* are in many ways the symbolist poem that Stéphane Mallarmé wanted to write.

Modernist epiphany may be a bit mystical, but it need not be at all theological, as Jean-Paul Sartre shows us in *La Nausée*, written from 1931 to 1936 and published in 1937. Like Woolf and Eliot, he sees art as a model for order through his narrator, the local historian Antoine Roquentin: 'Yes, it's what I wanted – alas! What I wanted. I am so happy when a negress sings ['*One of these days*']: what summits would I not reach if *my own life* were the subject of the melody.' Then:

> This what I have been thinking: for the most commonplace event to become an adventure, you must – and this is all that is necessary – start *recounting* it. This is what fools people: a man is always a teller of tales, he lives surrounded by his stories and the stories of others, he sees everything that happens to him through them; and he tries to live his life as if he were recounting it.
>
> But you have to choose: to live or recount.

This last sentence is the key to the existentialist liberation from a modernist aesthetic modelling of life – towards a kind of living spontaneity, which becomes existentialist responsibility. Roquentin's 'sudden revelation... I am as happy as the hero of a novel' stems from a feeling of complete contingency, whereas Woolf's led to a metaphysically acceptable sense of connectedness (and of relationship to the object). For Roquentin:

> existence had suddenly unveiled itself. It had lost its harmless appearance as an abstract category: it was the very stuff of things, that root was steeped in existence. Or rather the root, the park gates, the sparse grass on the lawn, all that had vanished; the diversity of things, their individuality, was only an appearance, a veneer. This veneer had melted, leaving only soft, monstrous masses, in disorder – naked, with a frightening obscene nakedness....
>
> We were a heap of existents inconvenienced, embarrassed by our selves, we hadn't the slightest reason for being there, any of us, each

existent, embarrassed, vaguely at ease, felt superfluous in relation to the others.

The next paragraph begins: 'The word Absurdity is now born beneath my pen', and with it, post-war existentialism, with moral and political commitments which moved from a modernist to a postmodernist way of seeing the universe. For moderns, it was at best unified like a work of art; but for the atheist existentialist it is ironically contingent, making no sense except a comic one, with no particular place for human beings, who have to try vainly to come up with a narrative explanation. As they do in the writings of Albert Camus and Samuel Beckett, for whom life may or may not be any more satisfactory than Roquentin's conclusion here: 'Every existent is born without reason, prolongs itself out of weakness and dies by chance.'

All of these works have important connexions to social frameworks of belief: but the visionary high modernism which questioned those frameworks depended almost entirely on the very high value it placed on the integration of the individual, subjectivist view of life: a view which, as we shall see, will come under the severe stress and test of political demands in the 1930s, and against which existentialist individualism revolts.

Modernist heroes

In the previous section, I tracked some epiphanic experiences through three writers in English, and then turned to Sartre, as giving an existentialist turn. But a very similar line of development could have been shown for all the major European literatures, for example in Marcel's development through to the final revelations of Proust's *Á la recherche du temps perdu*, through André Gide's self-consciously reflexive account of novel-making in *The Counterfeiters*, to Sartre; or from Aschenbach's final dream vision in Mann's *Death in Venice*, through the experiences of

Franz Biberkopf in *Berlin Alexanderplatz* (which is hugely indebted to Joyce's *Ulysses*), to the possibly final, but never finally written, visions of Ulrich in Robert Musil's *The Man without Qualities.*

Such developments are central to much modernist work, and in particular to the far from ordinary kind of heroically subjective consciousness shown by many of its heroes: and so, for example, the resolution of Hans Castorp's philosophical perplexities in *The Magic Mountain* comes in the form of a dream-like experience in a snowstorm.

This final dream, deriving from Nietzsche's *Birth of Tragedy*, is a vision confined to a particular moment, what Stern calls 'privileged moments on the very margins of ordinary life'. He realizes after reflecting on the arguments he has heard (and Mann italicizes it for us) that '*For the sake of goodness and love, man shall let death have no sovereignty over his thoughts.*' But this is the conclusion of a number of reflections about his dream-like experience, in which 'we dream anonymously and communally, if each after his fashion. The great soul of which we are a part may dream through us.' There is a side to humanity which rationalism ignores, and which Castorp sees in the snow. The conclusion, that 'Man is master of the antitheses' because 'they are through him, and he is nobler than they', is very like that of Yeats in the thirteenth phase of *A Vision.* Castorp, in the end, before he is overtaken by history on the battlefields of Flanders, comes out on the side of Settembrini, the liberal humanist: life is what we interpret it as being. It has no hidden or transcendent source of meaning.

Henry James is of course the significant predecessor here, having centred his novels on the baffled but intelligent hero or heroine in *Portrait of a Lady*, *The Ambassadors*, and *The Golden Bowl.* But Stephen Dedalus, both Blooms, Musil's ironically described 'Man without Qualities', and others, and, as we shall see, surrealist heroes, inside and outside of art, in literature and in painting, all have this kind of experience. But they tend not to be heroes of action: as Quinones remarks, there is an 'absence of will' in Marcel, Castorp, Bloom, Tiresias, Jacob, Mrs Dalloway, and the six characters in *The Waves*. They tend to be 'reflective, passive, selfless and tolerant witnesses'. As Charles Russell puts it:

> Thematically, modernist novels present characters who constantly confront a disruptive and perhaps meaningless environment, as do Hemingway's, Woolf's, Musil's, and Beckett's, with nothing to fall back on other than personal heroism, brute sensation, or endangered consciousness.

In Kafka's *The Trial*, we are claustrophobically caught within the subjective responses of the hero, K, with no relief or reassurance about the actual nature of the reality he faces, as he struggles within an apparently absurd, but actually deadly, world. His bafflement and resignation about all the supposedly 'legal' processes that surround him is horrifically fixed within his mind, which, as his top-hatted executioners come for him, he can only resolve to 'keep clear to the end'. He is knifed to death in a 'small stone quarry'.

> Was help at hand? Were there some arguments in his favor that had been overlooked? Of course there must be. Logic is doubtless unshakeable, but it cannot withstand a man who wants to go on living. Where was the Judge whom he had never seen? Where was the High Court, to which he had never penetrated?

His reactions have come for many to stand in for all the anger and bafflement provoked by the injustices of bureaucracy and government and racial persecution in the 20th century. And shame. As K dies, 'it was if he meant the shame of it to outlive him'. I agree with Quinones that:

> The creation of these complex central consciousnesses constitutes one of the major achievements of modernism, an achievement that

is epoch-making in several ways. In these characters, and their mode of perceiving, we were given the form of the intellect for roughly the next forty years of our culture – spanning more than two generations. We were given the form of twentieth century man.

So much of what Bloom sees is indeed modernity: he is, like Prufrock and Hugh Selwyn Mauberley, and even Mrs Dalloway, 'a perfect instrument for registering the variety, the flux, the interpenetration, the simultaneity and randomness of experience'.

This attention to consciousness, for modernists, is one which also allowed a far greater attention to sexual response – hence the problems of many modernists with censorship, and not least for D. H. Lawrence, who pursued what he saw as a new kind of representation of the body (for which he had to invent a new – and relatively chaste – language, until he wrote his third version of the story of *Lady Chatterley*). Lawrence sees this new subjectivism as something that gets at truths which are independent of the falsifying moral schemas to be found even in the greatest parts of the literary tradition. In a famous manifesto of intent, his letter to Edward Garnett in June 1914, he says that he is impressed by the futurist leader Marinetti, and his aim at 'an intuitive physiology of matter', because:

that which is physic – non-human, in humanity, is more interesting to me than the old-fashioned human element – which causes one to conceive a character in a certain moral scheme and make him consistent. The certain moral scheme, in Turgenev, and in Tolstoi, and in Dostoievsky, is what I object to.

And his central concern here was women's sexual responses:

I don't so much care about what the woman *feels* – in the ordinary usage of the word. That presumes an *ego* to feel with. I only care about what the woman is – what she is – inhumanly, physiologically, materially – according to the use of the word: but for me, what she is as a phenomenon (or as representing some greater, inhuman will), instead of what she feels according to the human conception.

And so:

> You mustn't look in my novel for the old stable *ego* of the character. There is another *ego*, according to whose action the individual is unrecognisable, and passes through, as it were, allotropic states which it needs a deeper sense than any we've been used to exercise, to discover are states of the same single radically unchanged element.

This made Lawrence's friend, the critic Middleton Murry, claim in his review of the novel that he could not distinguish between the characters in *Women in Love* (he was the model for one of them). But this in a way confirmed the originality of Lawrence's approach to persons within a body: notably in his highly symbolized description of the conflict between his heroine Ursula and the rigid, imperialist, militaristic Skrebensky when they make love in *The Rainbow.*

> He strove subtly, but with all his energy, to have her. And always she was burning and brilliant and hard as salt, and deadly. Yet obstinately, all his flesh burning and corroding, as if he were invaded by some consuming scathing poison, still he persisted, thinking at last he might overcome her. Even, in his frenzy, he sought for her mouth with his mouth, though it was like putting his face into some awful death. She yielded to him, and he pressed himself upon her in extremity, his soul groaning over and over:
>
> 'Let me come – let me come'
>
> She took him in the kiss, hard her kiss seized upon him, hard and fierce and burning corrosive as the moonlight... and her soul crystallised with triumph...

Skrebensky's 'let me come' was censored out of the original edition of 1915, which was condemned by many indeed as 'a greater menace to our health than any of the epidemic diseases', and prosecuted for obscenity and withdrawn from circulation. Lawrence's basic problem was to show that the development of his heroines' responses to life were resolutely 'physiological', and so get below the normal levels of consciousness. This can be evoked if necessary in symbolic terms, as they are in Ursula's final epiphanic encounter with horses, at the end of the novel. And so she finds that love is not just sexual awakening [chapter xi], or the narcissism of a corrupt mechanical society [chapter xii], or idealism in personal relationships [chapter xiii], or the stagnant warmth of the family [chapter xiv], or even a 'dark sexual ecstasy' which engages only a part of the self [chapter xv]. The mode of expression here is not the realism of Bennett and others, but a visionary symbolism, as Ursula experiences an adolescent love affair, a Lesbian attachment, two years as a pupil-teacher, a broken engagement, three years as a university student, and the loss of a baby, all as part of a trajectory of self-realization – which is a great modernist value, and opposed, so far as Ursula can manage it, to subordination to any political or institutional forces.

In the sexual realm, Lawrence has to do all this without relying on the mere external physical description and clichés of pornography, a challenge he faced particularly, for example, in the 'Excurse' chapter of *Women in Love*, in which he may well be describing anal penetration between his hero, Birkin, and Ursula. The moral disadvantages of such sexual scenes, as written from a dominating male point of view, have frequently been pointed out by feminist critics. But it is the technical achievement in this novel (peculiarly like that attempted by Wyndham Lewis, in his much more violent and chauvinist work, *Tarr* [1914]) that counts for Lawrence's modernism, in promoting new and challenging attitudes to sexual relationships, through the invention of an often overwrought, poetic, imagistic, and strongly rhythmic prose, even if in an occasionally rather ludicrous vocabulary. As Julian Moynahan has pointed out:

> It is certainly true that Lawrence did not fully succeed in the enormously difficult task of clarifying the relation of his 'inhuman selves' to social roles on the one hand and to vital forces on the other. The difficulty was partly technical; after all, Lawrence had to invent numerous new aesthetic forms in order to reveal new aspects of reality and the drama of essential being.

Just as surely as Henry James lurks behind his Lambert Strether (and Lawrence behind his hero Birkin in *The Rainbow* and *Women in Love*), we find that the ultimate heroic consciousness in this period is that of the great artist, associating as much as arguing, capable of many styles and perspectives, and nearly always possessing a saving irony. The artist is often the disguised hero of the work (like Proust as Marcel the monologuist; Joyce as the 'Arranger', whom we have to track; and the novelists in Gide's *The Counterfeiters* and Aldous Huxley's *Point Counter Point*). Many modernist works also celebrate a positively encyclopaedic and sometimes essayistic control by the writer, also to be found in *The Magic Mountain*, *Dr Faustus*, *The Glass Bead Game*, *The Man without Qualities*, and others (an attempt which sometimes signally fails, as in *Finnegans Wake* and the *Cantos*).

This encyclopaedic control is often married to a great formal virtuosity – most notoriously perhaps in Joyce's *Ulysses*, which was widely thought to have brought the novel to an end, since it had exhausted its technical possibilities. Indeed, this formalism is thought by some to be a leading modernist characteristic, which somehow marks a retreat from experience into purely aesthetic concerns. But I have tried to show above that most formal experiment had exploratory, mimetic, and cognitive purposes (even in the case of abstract art, aiming at the transformation of the viewer through the emotions aroused in contemplation). It is nevertheless the case that a great deal of modernist art follows

Henry James and others in being very self-conscious about the application of its own procedures.

This formal virtuosity is also to be found in music and painting, particularly in the many modernist painters who worked in series, using thematic repetition and variation. Thus we can 'read' the serial development of cubist still life; Kandinsky's many variations on biblical themes through a progressive abstraction; Pierre Bonnard's devoted variations on domestic scenes in which his wife Marthe is washing or bathing; and of course Paul Cézanne's many confrontations with Mont St Victoire; and Claude Monet's celebrations of his garden in Giverny, in many variations from 1892 to 1926, in this way. All these artists (let alone those who, like Dali, insisted on being seen as such) are the implicit hidden heroes of such work; very obviously, for example, in Picasso's *Vollard Suite* of etchings, forty-six of which are of 'The Sculptor's Studio', made in 1933–4, and tell a story of the creative process. Many of these show a person contemplating a completed sculpture, in a style of depiction contrasting to their own. Picasso thinks about sculpture by drawing it, and so in this sequence elaborated a pre-Christian, pagan, and Arcadian mythology of sex, which surrounds his own practice. In one of them, a classically beautiful woman looks at a surrealist sculpture, made out of balls, a cushion, table legs, and so on; and in others, an Olympian god or hero is depicted to stand in for the artist – in one etching, he is a river god reclining by the Three Graces. In this sequence, there is depiction in a large range of styles, all recreated with affection and humor, many of them erotic, depicting sexual situations in a realistic rather than abstracting style, and all redolent of that mastery of differing techniques which is so typical of the major modernists.

Perhaps the most astounding example, outside *Ulysses*, of encyclopaedic formal procedures, also deeply indebted to the past, is Alban Berg's opera *Wozzeck*. Its fifteen scenes are divided symmetrically into three acts, organized as exposition, development, catastrophe (and epilogue), thus paralleling sonata form. The first act contains five character pieces, the second is organized like a symphony, and the third is a series of inventions on musical elements (theme, note, rhythm, chord, and key). Berg has brought classical forms, in atonal style, into the opera, as happened in the Baroque and Classical periods, but without for a moment sounding either ironic or neoclassical. Berg was as keen as Joyce was that his underlying design should be recognized, sending out a schema with each copy of the score, but he is also clear that we do not need to be able to recognize, for example, the twenty-one variations of the *passacaglia* in Act I, scene 4. As in *Ulysses*, we can be wholly absorbed in the dramatic development of plot, and the unfolding adequacy of musical expression to emotion. For at the centre of the whole structure lies the extraordinarily limited, oppressed, hardly articulate, and, in the end, mad, consciousness of the ignorant, feeling Wozzeck, with his apparent trust in God, his superstitions about being haunted by Freemasons, his hallucinations because of the diet imposed on him by his superior officer, a doctor, his babbling about sin, and ultimately his response to his wife Marie's assertion 'better a knife in me than a hand on me' when he kills her. He does this after being taunted and beaten up by her lover, the drum major, and he later drowns, trying to conceal the murder weapon. Underneath this expressionist melodrama, in music of extraordinary drama and intensity, there lies a strict and almost equally obsessional formal organization. For example, the choice of a triple fugue for Act II, scene 2 was determined by the general nature of the scene – in which each of the three characters involved pursues his own private obsession, and yet the detailed working-out of the three fugue subjects is also an exact reflection of the moment-to-moment demands of the text and stage action. Indeed, as Douglas Jarman remarks: 'It is this seemingly paradoxical fusion of technical calculation and emotional spontaneity that gives Berg's music its peculiar fascination.' The success of the opera throughout Europe after its Berlin premiere in 1925, conducted by Kleiber, is all the more remarkable in that it is a huge protest on behalf of the poor ('*arme Leute*') against a brutal and authoritarian social order.

By the time of its first performance in England, under Boult in 1934, it had been banned in Germany.

Behind all this, there is a belief in the value of the subjectively organized work, as expressing not just its specifically aesthetic conventions, but also the value of the attempt at a corresponding unification and organization of the personality. By the end of their respective narratives, Stephen Dedalus can fly by the nets of nationalism and religion, Castorp can descend from the mountain, and Eliot can come through to a positive religious affirmation at the climactic, all-theme-recapitulating end of his *Four Quartets*. This reflexivity is typical of modernism, and so its claims for the high culture were often tied to a story about persons, and particularly about the organizing powers of the mind, and it is not surprising that the invention of many modernist formalisms were thought of as being like the discoveries of order in science. Hence, too, the importance to the early 20th century of the Bildung narratives by Mann, Joyce, Pound, Gide, Hesse, Lawrence, Woolf, and Musil, amongst others.

Surrealism

These tendencies are developed to an extreme in the one radically innovatory modernist movement after 1918, which was:

> SURREALISM, noun, masculine. Pure psychic automatism, by which one intends to express verbally, in writing or by any other method, the real functioning of the mind. Dictation by thought, in the absence of any control exercised by reason, and beyond any aesthetic or moral preoccupations. ENCYCL. Philos. Surrealism is based on the belief in the superior reality of certain forms of association heretofore neglected, in the omnipotence of dreams, in the undirected play of thought. It leads to the permanent destruction of all other psychic mechanisms and to its substitution for them in the solution of all the principal problems of life.

This was not the first, nor will it be the last, irrationalist challenge to a repressive culture which is thought to celebrate the wrong (rational, subordinating) powers of mind. André Breton's *Surrealist Manifesto* of 1924 makes clear such intentions: 'We are still living under the reign of logic . . . But in this day and age logical methods are applicable only to solving problems of secondary interest.' And so:

> The imagination is perhaps on the point of reclaiming its rights. If the depths of our minds contain strange forces capable of augmenting those on the surface, or of waging a victorious battle against them, there is every reason to seize them – first to seize them, then, if need be, to submit them to the control of our reason.

But how can this be done? How, for example, can we arrive at a 'Pure psychic automatism' and make discoveries in art? Part of the surrealist answer was: through the 'scientific' exploitation of physical fatigue, drugs, hunger, dreams, and mental illness (in a heroic line from Giorgio de Chirico, Jacques Vaché, and Raymond Roussel through to Jack Kerouac, William S. Burroughs, Thomas Pynchon, and many others). Many surrealists attempted to put themselves into this kind of investigatory mode (sometimes with comic rather than scientific effects, as when Robert Desnos, Max Morise, and René Crevel all competed to fall in to a 'hypnotic sleep'). Eugene Jolas's '*Inquiry into the Spirit and Language of Night*' (1938) gives us a good idea of the leading ideas involved:

1. What was your most recent characteristic dream (or day-dream, waking-sleeping hallucination, phantasma)?
2. Have you observed any ancestral myths or symbols in your collective unconscious?

The third question is probably influenced by Joyce's *Finnegans Wake*, parts of which had been published in Jolas's journal, *Transition*:

3. Have you ever felt the need for a new language to express the experiences of your night mind?

T. S. Eliot replied to this, 'I am not, as a matter of fact, particularly interested in my "night mind".'

A hilarious early example of surrealist theories in practice is given to us in Luis Buñuel's account of his development, with Salvador Dali, of the scenario for *Un chien Andalou* (1929) (Illustration 9): 'One morning we told each other our dreams and I decided that they might be the basis for the film we wanted to make.' They knew that they 'needed to find a plot'. The film was really going to turn on its surrealist imagery, because any kind of rational ordering was out of the question. 'Dali said, "Last night I dreamed that my hands were swarming with ants." I said, "And I dreamed that I cut someone's eye in half".' That is how the film begins. There was nevertheless an active ideological restraint for both of them: 'The way we wrote

9. Salvador Dali/Luis Buñuel, *Un chien Andalou* (1929) Much funnier than the famed surrealist example of an umbrella and a sewing machine on an operating table

was to take the first thoughts that came into our heads, rejecting all those that seemed tainted by culture or upbringing.' Surprise and release from repression were the main criteria – and they led to the wonderful scene of donkeys on a piano.

> For example: the woman grabs a tennis racquet to defend herself from the man who wants to attack her. So then he looks round for something with which to counter-attack and (here I'm talking with Dali) 'What do you see?' 'A flying toad'. 'Bad!' 'A bottle of brandy.' 'No good!' 'Well, I see two ropes.' 'Right, but what comes after the ropes?' 'He's pulling them, and he falls down, because it's something very heavy.' 'Yes, the fall's good.' 'With the ropes come two big dry pumpkins.' 'What else?' 'Two Marist brothers.' 'That's it, two Marists!' 'What else?' 'A cannon.' 'Bad! It should be a luxurious armchair.' 'No, a grand piano.' 'Very good, and on the grand piano, a donkey . . . no, two rotting donkeys.' 'Wonderful!'

Buñuel was later summoned by the surrealist leader, Breton, who told him that he had seen and liked the film. But: 'It's a scandal. The bourgeois all admire you . . . you've got to decide now, whose side are you on?' It sounds like a joke now, 'But it was TRAGIC. For the next few days, I seriously thought of suicide.'

We can understand some of the artistic conventions of the movement if we look at a simple surrealist object, like Meret Oppenheim's fur-lined teacup of 1936, which was called *Objet: déjeuner en fourrure* (a title given to it by Breton, to evoke Édouard Manet's painting *Le déjeuner sur l'herbe*, and Leopold von Sacher-Masoch's book *Venus in Furs*). The cup, teacup, and spoon (all from Uniprix) are covered in fur. Within a Freudian context, it was, unsurprisingly, seen as a disappointing substitute for the female genitals. Freud, in his work on fetishism, writes about 'a fixation by the sight of the pubic hair, which should have been followed by the longed-for sight of the female member'. The lack of this in women leads to penis envy, according to him. Whether or not we believe that such theories have any basis in fact,

10. Salvador Dali, *Le jeu lugubre* (1929). Painting as self-proclaimed sexual case history

we can nevertheless learn to see surrealist objects as symbolic category transgressors, arranged to appear as a 'demented form of the familiar'. And so Oppenheim's *Ma Gouvernante* [*My Nurse*] (1936) (Illustration 11) combines, literally and metaphorically, shoes, lamb chops, foot fetishism, bondage, the suggestiveness of the prone shoes with legs (heels) up, vaginal imagery, and so on. The artist later reported that it reminded her of thighs squeezed together in pleasure. Max Ernst, with whom she had an affair in 1934, had given her his wife's white shoes for the original version. But Mme Ernst destroyed it when it was exhibited in Paris in 1936.

Surrealist art produces many such puzzling metaphorical metamorphoses, of the kind, for example, to be found in many of René Magritte's paintings: in one of them (*Le Modèle rouge*), a pair of boots metamorphose into human feet, with disturbing effect, and no doubt reminding us that they are just two kinds of skin.

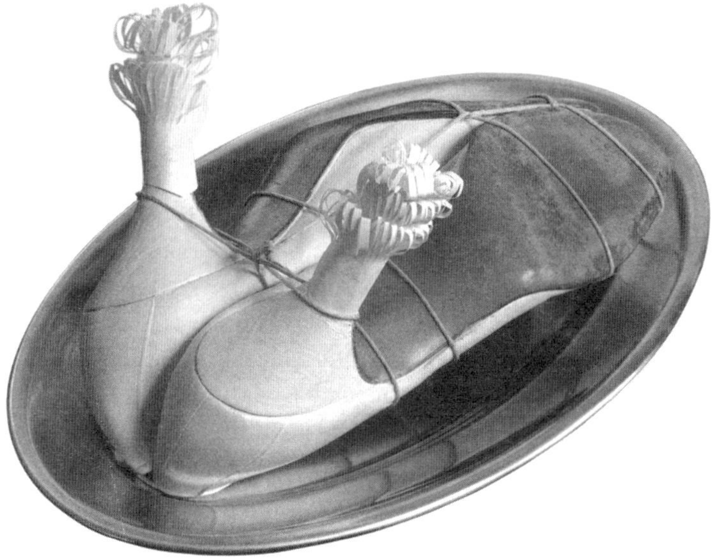

11. Meret Oppenheim, *Ma Gouvernante* (1936). The surrealist object as metaphor for the erotic and deviant

The most elaborately psychologized surrealist painting, and the most popular because most intelligible as a form of dream realism, is to be found in Dali, who joined the surrealists in 1919, and painted *Le jeu lugubre* [*The Lugubrious Game*] (Illustration 10) in that year, with its shit-spattered pants and large hands suggestive of masturbation. The title was suggested by the poet Paul Éluard. This is 'a veritable anthology' (as his biographer Ian Gibson puts it) of his then current sexual and para-sexual preoccupations, including 'faeces, castration, masturbation (the giant hand against swarming ants), a vulva, a figure resembling Dali's father, and innumerable other details'.

The view of sexuality in most surrealist work is neurotic, crippled, angst-ridden, and often not particularly intelligible, despite the hopes placed in an eventual psychoanalytical explanation. A large part of surrealist activity thus concentrated on a provoking anti-bourgeois sexual liberation. Changes in human consciousness should also lead to changes in society. But by the time of his *Second Manifesto* in 1929, Breton had been converted to Marxism, and had to move from saying that the Freudian dream does not recognize contradictions, to saying that surrealist work may help to reconcile contradictions, in a Hegelian Marxist sense. And so the aim (as indeed for many French intellectuals through to the postmodern period) became the making of a reconciliation between Freud and Marx (a case which was perhaps most convincingly made for the liberation movments of the 1960s by Herbert Marcuse and others). Many surrealists thus appropriated the two radically critical ideologies invented by the critical modern spirit, Marxism, and psychoanalysis – and used them to attack sexual repression and political alienation. Surrealist art therefore could function, rather well, as a highly individualistic allegory of the conflicts and tensions within the Freudian family and capitalist society.

Surrealist ideas also fitted in with the longstanding irrationalist tradition in poetry, which runs from Arthur Rimbaud through the poets of the Dada movement, and strongly into the American tradition of painting and literature, through works like William Carlos Williams's *Kora in Hell*, Bob Dylan's *Tarantula*, and the work of John Ashbery and Hart Crane. Breton admitted that surrealism didn't really catch on in England because it was already available in Swift Walpole, Ann Radcliffe, Monk Lewis, Edward Lear, and Lewis Carroll. Its innovative properties have to do with the logic of its content rather than formal technique, though it uses all the usual modernist devices. It raises issues which extend beyond modernism: How do we communicate in a 'non-logical' way? Is a direct appeal to our emotions, or our 'primitive instincts', possible? Are we supposed to attempt an interpretation or paraphrase of the work that will add to our knowledge, or just 'accept' it as it is? (Wallace Stevens, however, thought that 'the essential fault of surrealism is that it invents without discovering'.)

All these questions make us consider the role of fantasy (as distinguished from imagination) in our lives. One of the most interesting attempts to deploy a Freudian analysis of social behaviour, and to combine that with surrealist imagery, is to be found in W. H. Auden's most modernist and experimental work, *The Orators* of 1932. He thought that all disease had psychological causes and was morally symbolic (so that if Christopher Isherwood had a sore throat, it was because he had been lying). In his 'Consider This' of 1929, the bourgeoisie are doomed for psychological as well as political reason, and the underlying thought here is the Marxist one, that capitalist society will collapse under the weight of its own internal contradictions:

> It is later than you think; nearer that day
> Far other than that distant afternoon
> Amid rustle of frocks and stamping feet
> They gave the prizes to the ruined boys.
> You cannot be away, then, no,
> Not though you pack to leave within an hour,
> Escape humming down arterial roads:

The date was yours; the prey to fugues,
Irregular breathing and alternate ascendancies
After some haunted migratory years
To disintegrate on an instant in the explosion of mania
Or lapse forever into a classic fatigue.

By interpreting psychological disease as morally and politically symbolic, Auden's poetry linked analysis of the individual to society in general, sanctioned a revolt against the existing system, and made possible a rather condescending pseudo-clinical mode of rendering moral abstractions concrete and vivid. In *The Orators*, he develops this kind of imagery further, into a surreal account of revolution:

First Day of Mobilisation.

At the pre-arranged zero hour the widow bent into a hoop with arthritis gives the signal for attack by unbending on the steps of St. Philip's. A preliminary bombardment by obscene telephone messages for not more than two hours destroys the *morale* already weakened by predictions of defeat made by wireless-controlled crows and cardpacks. Shock troops equipped with wire-cutters, spanners and stinkbombs, penetrating the houses by infiltration, silence all alarm clocks, screw down the bathroom taps, and remove plugs and paper from the lavatories. The *Courier* Offices are the first objective. A leading article accusing prominent citizens of arson, barratry, coining, dozing in municipal offices, espionage, family skeletons, getting and gambling, heresy, issuing or causing to be issued false statements with intent to deceive, jingoism, keeping disorderly houses, loitering, mental cruelty, nepotism, onanism, piracy on the high seas, quixotry, romping at forbidden hours, sabotage, tea-drinking, unnatural offences against minors, vicious looks, will-burning, a yellow streak, is on the table of every householder in time for a late breakfast.

This parodies the plans for the mobilization of the German army in preparation for the First World War, as recounted in General

Ludendorff's *The Coming War* (1931). But Auden was soon to have doubts about the surrealist method. In the June/July 1936 issue of *New Verse,* he asks, as 'John Bull': 'What is the peculiarly revolutionary value in the automatic presentation of... repressed material?', and whether all such material has 'an equal artistic value', because 'the moment you are allowed either by yourself or by society to say exactly what you like, the lack of pressure leaves you material without form'. And if surrealists reject rationalism, how can they square their position with communism and psychoanalysis, which are, after all, rational systems? And in any case, for Auden:

> The task of psychology, or art for that matter, is not to tell people how to behave, but by drawing their attention to what the impersonal unconscious is trying to tell them, and by increasing their knowledge of good and evil, to render them better able to chose, to become increasingly morally responsible for their destiny.

Despite Breton's thought, reported above, that we may have in the end to submit 'the depths of our minds' to 'the control of our reason', very few surrealists were willing or able, as Auden was, to ally the study of fantasy to a serious moral analysis.

Chapter 4
Modernism and politics

The forms of life will become dynamically dramatic. The average human type will rise to the heights of an Aristotle, a Goethe, or a Marx. And above this ridge new peaks will rise.

Leon Trotsky, *Literature and Revolution* (1923)

The new age of today is at work on a new human type. Men and women are to be more healthy, stronger: there is a new feeling of life, a new joy in life. Never was humanity in its external appearance and in its frame of mind nearer to the ancient world than it is today.

Adolf Hitler, speech at the opening of the 'Great German Art' exhibition, Munich, 1937

Individual and collective

André Breton attempted to impose a communist discipline on members of the surrealist movement even though this meant accepting the party line. In early 1926, he joined the Communist Party with Louis Aragon and Paul Éluard, and by November 1926, Philippe Soupault and Antonin Artaud had been expelled for their disobedience. In 1929, Breton and Aragon sent out a joint letter to 76 surrealists and likely sympathizers asking if they would engage in communal activity. On the basis of the replies, Artaud was expelled yet again, as were Georges Bataille (who commented 'too many idealist assholes') and Robert Desnos ('all literary and artistic activity is a waste of time'); Roger Vitrac and Jacques Baron were among the 56 invitees who survived. The new political state of affairs was formalized in the *Second Manifesto of Surrealism* of that year, and it led to doctrinal divisions and denunciations by manifesto and changes in grouping, of immense complication.

The heroically subjectivist typology described in Chapter 3 therefore came under severe pressure, not just within the surrealist movement, but in general. It is at this point that we begin to see the intensely competing claims concerning heroic types in the modernist period. A collective political psychology demanding 'realism' and 'objectivity' was championed, against the idiosyncratic, aesthetically inclined individualism of the surrealists and most of the other writers and artists of the high modernist era. This conflict had horrific consequences – the Moscow trials, for example, showed how, in the light of a predestined revolutionary history, the behaviour of individual human beings could be seen as 'objectively' that of a bourgeois, anti-revolutionary group, quite independent of any conscious intentions they may have had as individuals.

Arthur Koestler's novel *Darkness at Noon* (1940) centres on the interrogations and private thoughts of a Bolshevik, Rubashov, as he awaits death in a Soviet prison. He knows that 'The Party is the embodiment of the revolutionary idea in history. History knows no scruples and no hesitation.' He later writes in his diary:

> A short time ago, our leading agriculturist, B., was shot with thirty of his collaborators because he maintained the opinion that nitrate artificial manure was superior to potash . . . The cricket-moralists are agitated by.. whether B was subjectively in good faith when he recommended nitrogen. . . . This is, of course, complete nonsense. For the question of subjective good faith is of no interest. He who is

> in the wrong must pay; he who is in the right will be absolved. That is the law of historical credit: it was our law.

By this, the expulsion of French surrealists looks relatively trivial. But there was a general issue here concerning the relationship of modernist artists to the culture in general, and it is an important one.

I have argued throughout that experimental art tends to promote the ultimately realist aim of cognitive gain, but for a Marxist critic like Georg Lukács, and indeed an anti-Bergsonian like Wyndham Lewis in his *Time and Western Man* (1927), this was looking in the wrong place. Lukács argued in the late 1930s, with Kafka in mind, that modernists reduce social reality to nightmare, as angst-ridden and absurd, thus depriving us of any sense of perspective. He claims that literature must critically utilize the bourgeois heritage and so must have a clear social-human concept of the 'normal', and this, according to him, is what modernism denounces. For him, it fails to create believable and lasting 'types', and glorifies anti-humanism and the abnormal. He defends the 19th-century realism that the modernists had subverted – hence his preference for writers like Maxim Gorky, Thomas and Heinrich Mann, and Romain Rolland, because the test of an artistic mode is political – what Lukács the Marxist sees as its 'progressive' tendencies: 'which are the progressive trends in the literature of today? It is the fate of realism that hangs in the balance.'

> By way of illustration, just compare the 'bourgeois refinement' of Thomas Mann with the Surrealism of Joyce. In the minds of the heroes of both writers we find a vivid evocation of the disintegration, the discontinuities, the ruptures and the 'crevices' – which Bloch very rightly thinks typical of the state of mind of many people living in the age of imperialism.

Lukács here anticipates the deconstructive analysis of consciousness offered by a later generation of 'Western Marxists', but it is not just the failure here to see the fact that, for example, the only really surrealist episode in *Ulysses* ('Circe') is comic, and very critical of the main protagonists, in a cod-Freudian manner, that turns out to matter. It is the implicit dismissal of independent critical discourse, like that of this book, in favour of a collective judgement (usually in fact articulated by the Party) for the 'broad masses ... can learn nothing from avant-garde literature, for its view of reality is so subjective, confused and disfigured'. For this 'learning', the approved traditional technique, of realism, is required, along with the 'right' connexion to the community:

> For a writer to possess a living relationship to the cultural heritage means being a son of the people, borne along by the current of the people's development. In this sense Maxim Gorky is a son of the Russian people, Romain Rolland a son of the French and Thomas Mann a son of the German people.

Eric Kaufmann has defined the rise of modernism as a 'great secular movement of cultural individualism which swept high art and culture after 1880 and percolated down the social scale to liberalize attitudes in the 1960s'. As we have seen, this is generally the case; even though there were also, within the modernist experimental avant-garde, artists who were inclined in the opposite collectivist direction (as in the early unanimist movement, and in some proto-fascist aspects of futurism). But as we move into the political tensions of the 1930s, there is a growing dilemma for all artists between introspection, individual self-assertion and expression, and the claims of the collective. It is particularly interesting to see the ways in which some of them tried to reconcile an experimental and individualist tradition with their support for collective political action. Day Lewis, for example, thought that poets were 'acutely conscious of the present isolation of the individual and the necessity for a social organism which may restore communion', and George Orwell, looking back, thought that some of the solutions to this were no good:

Suddenly we have got out of the twilight of the gods into a sort of Boy Scout atmosphere of bare knees and community singing. The typical literary man ceases to be a cultured expatriate with a Leaning towards the Church, and becomes an eager-minded schoolboy with a leaning towards Communism.

Power worship

The search for group allegiance was, for many modernists in the period, a false one – it did not arise from a desire to identify with any particular community, but for an identification with a heroic leader who could solve its problems. Cecil Day Lewis saw this too:

> Here again the influence of D. H. Lawrence assists to confuse the issue. We find it, for instance, in Auden's preoccupation with the search for 'the truly strong man', [in *The Orators*] Lawrence's evangel of spiritual submission to the great individual: 'All men say they want a leader. Then let them in their souls submit to some greater soul than theirs.' And though this does not necessarily contradict communist theory, it is likely in practice to give a fascist rather than a communist tone to poetry.

The cult of the 'truly strong' individual, as the enforcer of a collective responsibility, corresponds to the power-worshipping tendency of fascism, in many ways embraced by D. H. Lawrence in his novel *The Plumed Serpent* (1927), and satirized by his friend Aldous Huxley in his *Point Counter Point* (1929).

The search for a powerful leader did not much appeal to Bertolt Brecht, who in America recapitulated *The Threepenny Opera* by writing, in 1941, a play about Hitler as a Chicago gangster. He is not the only political writer to have confronted the tension between the individual and the community, and come through a period in which he himself advocated a submission to political authority, to a later presentation of politics which was generally experimental and modernist (and we have seen the beginnings of this in discussing *The Threepenny Opera* of 1929 in Chapter 1). In his plays written in the crisis years of the Weimar Republic, 1929 to 1932, he developed a form of theatre (*Lehrstucke*, or 'learning plays') in which working-class people were encouraged to explore vital political issues by alternating in their own performance different social roles and tactical positions. These were designed to be performed only by and for proletarian audiences, and to estrange them from the influence of 'bourgeois' moralistic and idealistic thought.

The text of *Der Jasager* [*He Who Said Yes*] was adapted as a 'school opera' by Elisabeth Hauptmann and Brecht with Weill, from a Japanese play (*Taniko*, as translated by Arthur Waley). Four young people are on a hazardous mountain journey when the youngest falls sick. Should they turn back? The boy agrees that the mission must go on – and the other three close their eyes (so that 'none is guiltier than another') and throw him off the mountain to his death. Ross comments, 'the politics may be antithetical to Hitler's, but there is the same mythologizing of the community, the same disregard for the sanctity of life', particularly in that the moral of the work is: 'Above all it is important to learn acquiescence.' It was performed hundreds of times in schools in Berlin and elsewhere.

Die Maßnahme [*The Decision*], also of 1930, which Brecht wrote to music by Eisler, is another exemplary parabolic play, directly about the conflict between allegiance to political principle and the moral right (to free expression). It is also a crucial text for the distinction between a culture which defends the individual, and the collective identity conferred by membership of a political party. The issues are presented with a stark clarity that goes beyond the obscurantist psychological and surrealist appeal to inner transformation (which Brecht had no time for) in earlier expressionist drama, despite his own play about an expressionist poet, *Baal*. In *Die Maßnahme*, young covert communist operatives in China have a Young Comrade who compromises their mission by his pity for the oppressed. He is told he must die, and acquiesces in this and even plans it. 'You must cast me into the lime-pit ... In the interests of Communism in agreement with the progress of the proletarian masses of all lands.' Hanns Eisler wrote Bachian chorales to reinforce the play's horrific conclusion that 'individuals count only as part of the whole'.

Hitler in Munich: the Nazis and art

The antagonistic relationship between the claims of practical politics and the fortunes of modernist art can be immediately seen in Europe in the attack on this type of art as 'degenerate' by the Nazis. Although the specifics of this attack mostly affected Germany in the period before the war, it was typical of the way in which totalitarian politics would aim very successfully at moving art away from subjectivity and experiment towards the expression of collective ideas. (In the Soviet case, to a demand for 'socialist realism', away from 'bourgeois individualism' and 'formalism'.)

12. The background 'degenerate' abstraction here is Kandinsky's *Black Spot*, reproduced in Illustration 4, and a painting by him is at the top right

An official exhibition of '*Entartete: Kunst*' ('Degenerate Art') opened in Munich on 19 July 1937, and then toured Germany (part of the exhibition is shown in Illustration 12). As Peter Adam points out:

> In its arrangement the directors, strangely enough, borrowed from the much despised Dadaists. The way of hanging the pictures, the aggressive slogans resembling graffiti on the walls, the whole idea of wanting to shock had all been done years before by the Dadaists.

Many of the 'degenerate' works appropriated were sold by the Nazis at auction, but of the remaining works seized, 1,004 paintings and 3,825 watercolours, drawings, and graphic works were later burned, on 20 March 1939, in the courtyard of the fire station in Berlin.

Hitler's speech opening the exhibition is well worth close attention. He presents very clearly those aspects of the modernism he wishes to eliminate. First, it appeals to the wrong kind of (cosmopolitan) group. The Europeanism I have emphasized led to 'an international communal experience, thus killing altogether any understanding of its integral relationship with an ethnic group'. Secondly, its experimentalism is merely 'restless': 'One day Impressionism, then Futurism, Cubism, maybe even Dadaism, etc.' And it is the critical response to this (that is, the diffusion of its ideas) that Hitler is also after, because 'the most insane and inane monstrosities' have inspired 'thousands of catchwords to label them'. It is the government which should stabilize this situation by *defining* the nature of the real, that is, by demanding a nationalistically and racially defined 'realism' in 'a German Art', which 'will be of eternal value, as are all truly creative values of a people'. The claims of modernist subjectivity, and its 'catchwords' like 'inner experience', 'strong state of mind', 'forceful will', 'emotions pregnant with the future', 'heroic attitude', 'meaningful empathy', 'experienced order of the times', 'original primitivism', and so on, will all have to go: 'these dumb, mendacious excuses, this claptrap or jabbering will no longer be accepted'. Nor will artists like Braque, Matisse, Kandinsky, Kirchner, Macke. Indeed, all the great German expressionists are to be decreed as degeneratively mad, because by distorting the human form, they 'see the present population of our nation as really rotten cretins'. And what is more, they 'see meadows blue, skies green, clouds sulphur yellow, and so on, or as they say, experience them as such'. This is a long way from Roger Fry. The euphemistic verbs Hitler uses to threaten the enforcement of his message are appallingly sinister: 'In the name of the German people, I want to forbid these pitiful misfortunates who quite obviously suffer from an eye disease.' And so, 'the Ministry of Interior of the Reich' will have to 'take up the question of whether further inheritance [*Verderbung*] of such gruesome malfunctioning of the eyes cannot at least be checked [*unterbinden*]', as part of 'an unrelenting war of purification [*einen unerbittlichen Sauberungskrieg*] against the last elements of putrefaction in our culture'. He promises that 'From now on . . . All those cliques of babblers, dilettantes and crooks, which lend support to one another and are therefore able to survive, will be eliminated and abolished [*ausgehoben und beiseitigt*].'

Eight exhibitions of a countervailing 'Great German Art' were also held, from 1937 to 1944. In such work:

> the subject . . . has to be popular and comprehensible. It has to be heroic in line with the ideals of National Socialism. It has to declare its faith in the Aryan ideal of the Nordic and racially pure human being.

This involved a revival of classicism of the most kitschy kind. A Cologne critic described the basic thematic structure of the show: 'The worker, the farmer, the soldier are the themes. . . . Heroic subjects dominate over sentimental ones. The experience of the Great War, the German land-scape, the German man at work, peasant life'.

The Nazis' role here is exemplary, but they were not alone in violating the boundary between the political and the private, in an explicitly anti-individualist and anti-liberal posture. The critical, reflective approach demanded by Brecht (however much it may have been underpinned by an appeal to Marxist and party discipline) still grows out of the modernist willingness to distort, fabularize, and mythicize ordinary reality (as his later works show), so that we can decide, given a certain tolerance of ambiguity and conflict, through the interpretation of its metaphors, the likeness of the work to reality. And much the same goes for most of the work discussed earlier. This is very far from the 'real-life' demands upon art made by fascist parties in the 1930s, which were designed to short-circuit this reflective process by a claim (through the use of the most boring, stereotyped, and obvious kinds of photographic technique, which are, in fact, illusory in all sorts of ways) that art can mirror reality, if you have the 'right' beliefs. Hence the photographic classicism and dreadful posturing in works like Jürgen Wegner's *German Youth*, with the 'three graces' of German motherhood with small children on the left, some boyscoutish teenagers singing with drum and trumpet under a Nazi banner in the middle, and three improbably naked Spartan youths, two with spears and one with a model aeroplane, on the right; Richard Spitz's *Nazi Vision of Greatness*, in which a field full of soldiers gaze towards the sun while above them in the sky an angelic ghostly host of dead soldiers float their way towards a castle in the sky, very like that of the Wizard of Oz, with a huge shining swastika rising behind it; or Herman Otto Hoyer's picture of an orating Hitler on a dais in a dark room: the faces of his small band of listeners are illuminated, and the title is *In the Beginning Was the Word*.

The techniques of fascist and Soviet realism exploit what seems a reliable technique, to promote a ludicrously idealized, often pseudo-religious, fantasy of Hollywood proportions, with all its reassuring appeal to a popular, mass-art notion of collectivity.

It is indeed precisely the appeal to individual judgement that this kind of cultural management always attacks:

> The National Socialist revolution is a revolution of thought! Its greatness lies in the fact that it has dethroned individual thought, which governed us for centuries, and has replaced it by communal thought.

Such 'communal thought' had no place within it for critical debate, as Goebbels proclaimed in 1937: 'The abolition of art criticism... was directly related to the goal-directed purging and coordinating of our cultural life.' For the Nazis, modernism could be set aside as an ugly form of individualism, in favour of their version of modernity. It had become the task of the artist in Germany to reflect, faithfully, the 'new reality' as the politicians saw it, in forms as vulgar and sentimental and fantasised as the attitudes of the politicians themselves. Hence Paul Fechter's attack on Thomas Mann as:

> Remote from life and entangled in his own world of unreality, he was out of touch with the new reality in Germany, and rejecting his birthright, he left the country... Since he went abroad, his speeches and essays have had nothing in common with the real Germany and its spiritual life.

Progress and 'critique'

The greater part of modernist art, as I have shown, was liberating and individualist in tendency. Many later commentators on modernism have tried to point to the way in which a central tradition of modernist art was, for them, progressively part of a broadly leftist critique of society. Perhaps there are *two* traditions within modernism. One of these centres on an avant-garde, where 'progressive' is understood to have Hegelian Marxist overtones, of an awareness of historical progress towards social emancipation (whose 'true nature' can be revealed to the initiated in philosophy or theory or the relevant technical language). Artists in this utopian tradition tend to be like those philosophers who wanted to clean up ordinary language, making it more logical, more 'scientific' (like De Stijl, the Bauhaus, and Schoenberg in some moods). Other artists see the different languages of art as inherently social, and even as a game. From within the artistic community and looking beyond it, they are aware of competition – and even to some extent of the competing discourses of power related to particular institutions. (This applies particularly to those interested in women's emancipation.) Innovation and progress for this second group will have a great deal to do with the more or less untidy historical development of institutions, of publishing, including avant-garde magazines, of critical exposure of other kinds, including cooperation with avant-gardist groups, of journalistic perceptions, and all their rivalries and cooperations. However committed they may be to particular avant-gardist groupings, their background assumption will centre on an institutional pluralism, which allows them to thrive in a debating space for opinions which have the best chance of arriving at the truth. For the extreme left and right, on the other hand, the slogan is 'stay critical', in the sense of keeping the faith, until you dominate; do not sink into a non-critical collusion with new social norms, or become too tolerant of matters like the autonomy of the work, or indeed of persons. But for the liberal centre, it is the critical debate aroused by new and challenging ideas and works of art which is centrally important.

This means that around the political centre there were anarchic, radical, and tradition-respecting groups who constructed a liberal modernism. The Dada movement, for example, which in its earlier manifestations rejected any form of organized ideology, questioned the very institutions under which they themselves operated. This made Dada, for many, the model of a radical avant-garde, leading a 'revolt against art' which attacked 'the uncritical assumption that art embodies and legitimizes a culture's vision'. The liberal-bourgeois tradition, on the other hand, tended to identify the best in culture with the best of its art, which would endure and continue to be relevant, including the art of the past (an approach of the traditionalist and allusive modernists described earlier).

It is the nature of the avant-garde that is at issue here, if we are to attempt to understand modernist movements in general, rather than to discern and defend, selectively, leftist, liberal, or rightist tendencies within it. I agree with Diana Crane, that nearly all avant-garde art, whether it tends to left or right, is an art which is advanced in ideas and innovative or experimental in technique, and made by artists who 'have a strong commitment to iconoclastic aesthetic values and who reject both popular culture and middle class life style'. The avant-garde is thus integral to the larger functioning of the high culture, and it is centred around the solution of technical and aesthetic problems (by contrast with popular culture, which is more formulaic in its approach). These solutions, as I have tried to suggest, can make a valuable cognitive gain for the artist and the audience. A movement is therefore *aesthetically* avant-garde for Crane if it redefines aesthetic conventions, utilizes new artistic tools and techniques, and redefines the nature of the art object. And *politically* it is avant-garde (that is, in its approach to social content) if it incorporates critical social and political values which are different from those of the majority culture, redefines the relationship between high and popular culture, and adopts a critical attitude towards artistic institutions (as, for example, in Dada on the left and Eliot's *Criterion* on the right). Modernists of the left and of the right can meet these criteria. (For the right, typically enough, when capitalist technological development can be allied to a modernizing process, hence the rise of Bauhaus architecture.)

Many leftist commentators on modernism have assumed, not surprisingly, that their orientation is 'progressive' (as part of the leftist notion of historical development), and that the right's reorientations are at best nostalgic. But one can ask whether avant-gardes, left or right, are progressive in a distinctively modernist way, or are simply the historical continuations of well-established (indeed 19th-century) political conflicts by contemporary artistic means. Is there anything inherently modernist that can be revealed by such a political analysis?

The movement model for modernism, or any artistic period, puts a huge emphasis on innovation and technical change, but the question still arises of whether they are morally or politically progressive in effect. Do they lead the period as a whole in a particular direction? This is nearly always wishful thinking. There have been many divergent avant-gardist movements, which were very successful and long-lived. But any 'linear model' for modernism as a whole will be essentially monist and ideologically driven (as, for example, Adorno's attack on Stravinsky, reported in Chapter 2, suggests). Indeed, the idea of elitist or movement-driven progress may have misled many at the time, because we can now look at the period as a whole – and see that, in fact, an eclectic pluralism and dialogue was dominant.

In music, for example, we have Strauss and Mahler, so to speak, on the romantic and self-expressive side; Stravinsky on the 'objective', and becoming neoclassical, side; and Schoenberg moving from one to the other. All three possibilities remained available, along with the far more eclectic methods of innovatory modernists like Charles Ives, Edgard Varèse, and John Cage. It is therefore always nonsensically unempirical to rely upon a hidden dialectic, in which the Schoenberg school; or the occultist revelations of De Stijl; or Yeatsian theosophy and myth; or even the development of formal qualities, like the 'flatness' which Clement Greenberg saw as the defining generic characteristic of all truly modern painting; or a 'scientific' drive towards the marriage of art and technology, as advocated by the Bauhaus, is seen as alone bearing the 'burden of progressive history' in the arts.

Imagine trying to decide, now, which of Joyce, Woolf, or Lawrence, or Picasso, or Kandinsky, or Ernst, or Mondrian, was the more 'progressive', and why – let alone asking the same question of Wells, Shaw, Brecht, and others, who really *were* committed to leftist political intervention, for in their cases the question should be easier to answer. What tends to happen is that we think of a generally acceptable line of progress, like that of feminist emancipation, and then the measure is much clearer. It puts Ibsen well ahead of Shaw; and Joyce, despite his Ibsenic beliefs, in an ambivalent position; and Eliot, Lewis, and Pound, and most of the futurists, nowhere; while Virginia Woolf, as a brilliantly subversive and culturally aware feminist, most particularly in *Between the Acts* (1941), is more or less on the 'right' lines.

This moral and political ranking, valuable though it can be in its own right, has little purchase on our understanding of the developing history of modernist art movements. A real engagement with feminist emancipation, as shown in the vast literature on it, would have to look very closely at all sorts of institutional and social groupings, at women writers and their inter-relationships, and so on.

From our perspective, we can see that divergent patterns have led to different kinds of long-term, broad cultural significance, which gives the works of major modernist artists their canonical status. And the important changes here do not just lie within the 'high' culture. As Derek Scott reminds us, 'Measured in terms of social significance, the twelve-bar blues has been of more importance to 20th-century music than the twelve note row.' The latter may be seen as more 'progressive', but only within the formal conventions of music as a whole. The social and aesthetic measures are always in interaction, and in periods of great artistic activity can be highly unpredictable.

A crippling aestheticist concentration on advances in technique (and its too-frequent corollary, the pursuit of the maximally systematic, unified work, as in the 1960s) tends to lead us to believe that an artistic group can be alone on the true or 'necessary' line of progress. There is, for example, an obvious technically progressive connexion between the operas *Tristan* and *Elektra* and *Erwartung*, in their development of chromaticism, but what really motivates their similarities as works of art is surely derived from more generally diffused ideas about the newly uninhibited or irrational representation of women and their sexuality. As I have argued, it is the ideas behind technical change, and their more or less desirable psychological effects upon audiences, which ultimately count for notions of progress, and these ideas are to be found within and outside the arts, and they are not all obviously political.

So that 'after cubism', the human portrait figure is no longer so sacrosanct – it can be turned into a craggy landscape – and after Dada and *Erwartung*, an irrational association of ideas establishes itself as a means of understanding human nature, in works from Berg's *Wozzeck* to Maxwell Davies's *Songs for a Mad King*. As many commentators have pointed out, there are a number of different strands or genealogies to be looked at here. The major technical changes in music, for example in 1912, which saw the liberation from thematicism in Debussy's *Jeux*, the emancipation of dissonance in Schoenberg's *Pierrot Lunaire*, and the revolutionary metrics and rhythms of Stravinsky's *Rite*, could and did lead off in all sorts of directions, not all of them atonal, and none of them belonging to any particular avant-garde grouping. All three innovations were liberating, all three posed new problems for composers of all sorts of persuasions, and could be used within all sorts of representational frameworks of ideas, making possible, for example, the mystical symbolist meanderings of Karol Szymanowski's *King Roger*, and the urban savagery of Béla Bartók's *Miraculous Mandarin*, and even the ensemble comedy of William Walton's *Façade*.

It is perhaps best to see modernist techniques as capable of facing in all sorts of directions, despite the progressive claims which have been made for favoured manifestations of them – for example, the development of political collage in the Weimar period, or Brechtian alienation effects. For enduring modernist art has indeed nearly always aimed at various political or social (or religious) effects on the mind of the reader, hearer, or spectator. Hence the feminism of Dorothy Richardson and Virginia Woolf; the nationalism of Yeats and Joyce; the social analysis of Auden and Co., and of Georg Grosz, John Heartfield (Helmut Herzfelde), and Otto Dix; the defence of Christianity by Auden, Eliot, and Stravinsky; the relationship between architecture and society proposed by Gropius and Le Corbusier; the satirical and irrationalist critique of Ernst and Aragon; the sexual emancipation aimed at by Gide, Joyce, Lawrence, and Breton; let alone the popular social critique in films like *Modern Times*, *Metropolis*, *The Battleship Potemkin*, and so on. Most of this art is, given the general assumptions of societies in early 20th-century Europe, broadly liberal or leftist in intention, in so far as it contrasts prevailing conservative political ideologies with a non-coercive but critical model of culture.

All modernist works are involved in some way with political programmes, in so far as they interacted with current political conflicts in communities. This is particularly obvious, for example, in the case of Georg Grosz and his photo-collage-making colleagues, the Herzfelde brothers (see Illustration 13). Grosz's early work as a Dadaist has a good deal of futurist and cubist geometrical articulation, but in his later career, he refines this to a much more representational, cartooning mode, believing that he was reacting 'to the cloud wandering tendencies of the so-called sacred art which found meaning in cubes and gothic', that is, expressionism. This reminds us that in all periods there is a tradition of realist art, which is strongly motivated by moral observation: and in Grosz's case, this comes out in many paintings and his portfolios of drawings – notably his *Gesicht der Herrschende Klasse* (1921) and *Ecce Homo* (1923) – maybe the most distinguished of his books. He is not just concerned with the

13. John Heartfield, *Wie im Mittelalter... so im Dritten Reich* (As in the Middle Ages... so in the Third Reich) (1934). The comparison of cultures by allusive photomontage; and the Nazi betrayal of the modern

betrayal or suffering of the workers, but looks at the private life of the ruling classes, seen as lechers, sex-murderers, and whores. It is a Circean, ugly, and bestial view of politics and sexuality. It symbolizes the dehumanization that arises within a capitalist society, when powerful men treat others as mere objects.

> I intend creating an absolutely realistic view of the world.... Man is no longer an individual, represented with acute psychological insight, but is a collectivist, almost mechanical concept. Suppress colour. The line is drawn around an impersonal photographic construction to give volume. Again, stability, reconstruction, function, e.g. sport, engineer, machine. No more dynamic futurist romanticism.

Grosz clearly made important contributions to cultural diagnosis of a political kind. His painting *Pillars of Society* (1926) has a prophetic attitude to the Nazis, as imaging right-wing violence and militarism. As Carl Einstein put it, as early as 1923:

> There is a tremendous tension between the poles of contemporary art. Constructivists and non-objective painters establish a dictatorship of form; others like Grosz, Dix and Schlichter smash reality by poignant objectivity, unmask the period and compel it to self-irony. Their painting is a cool death sentence, their observation an aggressive weapon.

Grosz depends upon the caricaturist's compromise with realism, however stylish (so does Picasso). But what happens to the political import of a fully modernist work, which exploits an advanced post-cubist technique, and relies upon many layers of historical, mythical, and artistic allusion? Many modernist masterpieces combined formal experiment and philosophical or political significance: Eliot's *Four Quartets*, for example, is a beautifully autonomous verbal structure, and also a deep analysis of Anglican theology. Of course, formalism and aesthetic autonomy (which can seem merely to be directed to private pleasures) and political commitments can be put into opposition to one another, but in many modernist cases they cooperated (notably in *Wozzeck*).

Guernica (1937)

I began this essay with some examples and would like to conclude with one which has as great a political significance as any other. Picasso's *Guernica* (Illustration 14) combines a political mimesis, showing the horrifying effects of one of the first air-raids directed against a civilian population, and the moral outrage that follows from that, with a profound use of allusive, mythical, and formally distorting modernist techniques. Its political impact, as a study of war and terrorism, has been a lasting one, from its showings around 1937 to its present use, in a tapestry version, in a lobby of the United Nations (which was covered up when Colin Powell made an announcement in front of it about the invasion of Iraq). Its effect complements, extends, and gives a human depth to the realism which establishes historical facts. This contrast was manifest at its first showing in the Spanish Pavilion of the Paris World Fair, where 'every visitor was confronted by Gonzalez's socialist realist Montserrat at the entrance, the iron figure of a

14. Pablo Picasso, *Guernica* (1937). The indiscriminate bombing of civilians – enigmatic, monumental, a masterpiece of complex allusion, and a horrible prophecy

peasant woman, standing firm against all comers with her scythe and shield', and the photographs of Guernica in flames on a floor above, alongside a wall-panel bearing Paul Éluard's poem 'La Victoire de Guernica'. This photography and socialist-realist art worked with, not against, the huge modernist mural; only together could they demand a reflective response.

When we look at modernist aspects of the painting, we can see a resurgent neoclassicism – the 'combination of stasis and turmoil' in a frieze-like work, and the 'precise sculptural manner of the great Davidian battle scenes' in a 'stately display of conflict which has a strong undertow of David's tradition'. But Tim Hilton, whom I follow, also sees *Guernica* as 'a vague painting' with a vague iconography – nobody really knows what the bull stands for, for example, and these uncertainties affect any assessment of the political effects of the work.

In October 1937, Anthony Blunt, who was then a Stalinist supporter of socialist realism, used the communitarian argument: he thought that Picasso's private imagery was really only for 'a limited coterie of aesthetes'. It poses a question: how effectively can modernist art like this be an art of opposition in the political arena? Obviously, *Guernica*'s oppositional effect at the time was probably less than, or at least subordinate to, that of the photographs which, along with the witness-testimony of newspaper reporters, established the historical, physical facts of atrocity. But as a work of art, its 'effects' are also intended to go far beyond the period of effective political intervention, and so the question arises for Blunt and his kind: do they want that kind of enduringly relevant art at all?

The answer is that *Guernica* isn't and shouldn't be just part of that local debate. It doesn't explicitly take sides in the UN either, whoever is standing in front of it. We have to decide what we now think of its moral outrage at the military or terrorist destruction of a civilian population (and, indeed, whether it applies to Iraq).

There are plenty of more recent photographs and reports to help us in newspapers and on television. Or it may 'just' be a pacifist picture, even if protesting and resigned to the inevitable continuation of this kind of injustice and the militarizing myths that support it, which, as many modernists (notably Nietzsche and Yeats) believed inevitably come round and round again.

But how does this use of myth work? Max Raphael, writing when *Guernica* was very well known, thought that the mythical symbolism was too ambivalent – the bull, for example, may be seen both as male life-force, symbol of rebirth, or even as a symbol of the impassive sadism of fascism, and the horse can be defeated fascism, or the people in sacrificial defeat. Raphael echoes Blunt in thinking that the allegory of the work is not 'self-evident', and is 'stultifying' rather than stimulating to 'creative action'. The picture is too personal, full of 'inner obsessions' (as if it were by Dali!). And so 'fails to respect real action in the real world'. 'Real' action here looks very like party action, and there is not much reason to think that it has a greater claim to be 'real' than any other kind. Christopher Green comes up with a different set of modernist considerations, reminding us that psychoanalysis claimed a universality for myth; so that the apparent banality of the symbolism here attains a complex universality by allusion, and hence a very far from private or obsessional effect. The grieving women recall a Christian crucifixion; the bull, the Minotaur; and the horse has a connexion to Spanish myths of sacrifice in the bull-ring. The range of this is indeed considerable. So we come back to the considerations raised by my opening quotation from *Ulysses*, also a mythical, neoclassical, and universalizing work, and as indubitably experimental as *Guernica*.

Picasso's picture is an excellent example of the boundary conflict of modernist with realist art and with the political demands that can be imposed on experimental work. Much obviously depends – indeed, far too much always depends – on the politics of the moment. The 'clear' political interpretation of the photographs (let alone reporting in the press) helped to make *Guernica* urgent. But in the longer perspective, one may be more deeply and continuously grateful to the arts, and particularly those of modernism, for their neoclassical and universalizing generic models, and their continuingly humanist moral and political demands, and their willingness to bring cultures together, by seeing differing theological and political frameworks through their myths and symbols. In doing so, they can reveal something profound, and also conflicted and challenging, about human behaviour. This is what the *Guernica* picture has depended upon for its longer life as a masterpiece. It is the amazingly strong afterlife of the great modernist works, and their continuing relevance to quite different political contexts (and to a world in which Raphael's Marxism is of far less account), which should count for us.

But one might well ask which, of politics and culture, is really the container, and which the contained? I believe that a nation's culture, let alone the collective European culture which inspired most modernists (including its favoured historical narratives), should always be thought of as the container of its politics (which we must always hope can be defeated, in its worst manifestations), rather than vice versa. It is the broad and inclusive cultural sympathies of modernism which make it so essential to the culture and conflicts of the present day, which face the challenges of this century, but cannot afford to forget the historical lessons, or the artistic wisdom, of the previous one.

References

Chapter 1: The modernist work

p. 3 'jesuit': James Joyce, *Ulysses*, ed. Walter Gabler et al. (London: The Bodley Head, 1986), 1–8, 3.

p. 4 'Egypt': Hugh Kenner, *Ulysses* (London: George Allen and Unwin, 1982), 34, 35.

'cubes': Louis Vauxcelles, in *Gil Blas*, 14 November 1908, in Edward F. Fry, *Cubism* (London: Thames and Hudson, 1966), 50.

'picture': John Golding, *Cubism: A History and an Analysis 1907–1914* (London: Faber and Faber, 1959), 10.

p. 7 'life': Kirk Varnedoe and Adam Gopnik (eds.), *High and Low: Modern Culture and Popular Art*, exh. cat. (New York: Museum of Modern Art, 1991), 292.

p. 9 'text': Stephen Hinton (ed.), *Kurt Weill: The Threepenny Opera* (Cambridge: Cambridge University Press, 1990), 5f, 24, 27, 188. The alternative version of the execution scene can be found in *The Threepenny Opera*, tr. Ralph Mannheim and John Willet (London:
Methuen, 1979), 121f.

p. 10 'blue': F. S. Flint, in *The Times*, cit. Alan Young, *Dada and After: Extremist Modernism and English Literature* (Manchester: Manchester University Press, 1981), 49.

p. 11 'said Picasso': cit. Elizabeth Cowling, *Picasso: Style and Meaning* (London: Phaidon, 2002), 2.

'them': Cowling, ibid., 26.

p. 13 'another': cf. Marinetti's 'Destruction of Syntaxt: Imagination without Strings – Words in Freedom' (1913), in Umbro Apollonio (ed.), *Futurist Manifestos* (London: Thames and Hudson, 1973), 96.

Chapter 2: Modernist movements and cultural tradition

p. 17 'green': Kandinsky, *On the Spiritual in Art*, cit. Debbie Lewer (ed.), *Post Impressionism to World War II* (Oxford: Blackwell, 2006), 101.
'object': Desmond MacCarthy, preface to the catalogue of the 1910 exhibition, in J. B. Bullen (ed.), *Post-Impressionists in England* (London and New York: Routledge, 1988), 98.
'composition': Matisse, 'Notes of a Painter' (1908), in Jack D. Flam, *Matisse on Art* (London: Phaidon, 1978), 37.

p. 18 'communicative': as Jack D. Flam points out in *Matisse: The Man and His Art 1869–1918* (London: Thames and Hudson, 1986), 250–2.

p. 19 'enough': quotations from Roger Fry, 'The French Group' (1912) come from Bullen op. cit., 352–4. Also rpt. in Vassili Kolocotroni et al. (eds.), *Modernism: An Anthology of Sources and Documents* (Edinburgh: Edinburgh University Press, 1998), 189 ff. (This is a very useful and wide-ranging anthology which sees modernism in its European context.)

p. 21 'pictures?': Jelena Hahl-Koch, *Kandinsky* (London: Thames and Hudson, 1993), 253.

p. 23 'years': Joseph Rufer, *The Works of Arnold Schoenberg: A Catalogue of His Compositions, Writings and Paintings*, tr. Dika Newlin (London: Faber and Faber, 1962), 45.
'1924': This essay was later reprinted in the collection *Von neuer Musik* (Cologne, 1924).
'composition': Stephen Walsh, *Stravinsky: The Second Exile, France and America 1934–1971* (London: Jonathan Cape, 2006), 292; cf. 281.
'lengths': On the symbolic interpretation of this concerto, see e.g. Karen Monson, *Alban Berg* (London: Macdonald, 1979), 211–21.

p. 24 'role': John Milner, *Mondrian* (London: Phaidon, 1992), 161, 163.
'space': *De Stijl*, I, 2, 39, and II, 2, 40, rpt. in Hans L. Jaffe, *De Stijl* (London: Thames and Hudson, 1970), 31.

p. 25 'ratios': C. H. Waddington, *Behind Appearances* (Edinburgh: Edinburgh University Press, 1969), 42ff.

p. 27 '1918': see Joan Weinstein, *The Ends of Expressionisn: Art and the November Revolution in Germany, 1918–1919* (Chicago: Chicago University Press, 1990).

p. 28 'slave': cit. Frank Whitford, *Bauhaus* (London: Thames and Hudson, 1984), 128.

'soul': Calvin Tomkins, *Duchamp* (London: Chatto and Windus, 1997), 168.

p. 31 'band': Constant Lambert, *Music Ho! A Study of Music in Decline* (1934; reprinted London: Faber and Faber, 1966), 74.

'Bolsheviki': Stravinsky in an interview of 1925, cit. Scott Messing, *Neoclassicism in Music: From the Genesis of the Concept through the Stravinsky/Schoenberg Polemic* (Rochester, New York: Rochester University Press, 1988, 1996), 141.

'future': cit. Messing, ibid., 142.

p. 32 'illusion': Theodor W. Adorno, *The Philosophy of Modern Music* (London: Sheed and Ward, 1948), 64. The attack on neoclassicism as infantile is on 206f.

'age': Dermée, 'Quand le symbolisme fut mort', a programmatic statement for his *North South*, cit. Peter Nicholls, *Modernisms* (London: Macmillan, 1995), 243.

'structure': cit. Nicholls, ibid., 245.

p. 33 'possible': Igor Stravinsky and Robert Craft, *Expositions and Developments* (London: Faber and Faber, 1962, 1981), 113.

'caricature': Mikhail Ruskin, *Igor Stravinsky: His Personality, Works and Views* (Cambridge: Cambridge University Press, 1995), 47.

'space': Stravinsky, cit. Eric Walter White, *Stravinsky: The Composer and His Work* (Berkeley: University of California Press, 1979), 574f.

'artifice': Messing, op. cit., 133.

p. 34 'mourning': Elizabeth Cowling, op. cit., 425, 428f.

p. 36 'undesirable': John Berger, *Success and Failure of Picasso* (Harmondsworth: Penguin Books, 1965), 98.

'life': Michael Roberts, in his introduction to *The Faber Book of Modern Verse* (1936), rpt. Kolcotroni, op. cit., 514f.

p. 37 'creation': Stravinsky, *Poetics of Music* (Cambridge, Mass., and London: Harvard University Press, 1998), 56–7.

p. 38 'grateful': cit. Bram Djikstra, *Cubism, Steiglitz and the Early Poetry of William Carlos Williams* (New Jersey: Princeton University Press, 1969), 9.

p. 39 'false': Williams, 'Prologue' to 'Kora in Hell', in *Imaginations* (New York: New Directions, 1971), 14.
'exemplary': Djikstra, op. cit., 134, 165, 167f.

p. 42 'freethinking': James Joyce, *Stephen Hero* (London: Jonathan Cape, 1969), 96.

p. 43 'nihilistic': Mann, letter of 1915, cit. T. J. Reed, *Thomas Mann: The Uses of Tradition* 2nd edn. (Oxford: Oxford University Press, 1996), 237.
'heresy': J. P. Stern, *The Dear Purchase: A Theme in German Modernism* (Cambridge: Cambridge University Press, 1995), 29.

p. 45 'one': I. A. Richards, *Principles of Literary Criticism* (1926; rpt. London: Routledge and Kegan Paul, 1967), 233.
'war': C. Day Lewis, 'A Hope for Poetry' (1934), in C. B. Cox and Arnold P. Hinchcliffe (eds.), *T. S. Eliot: The Waste Land – A Casebook* (London: Macmillan, 1968), 58f.

p. 46 'art': T. S. Eliot, 'Ulysses, Order and Myth', *The Dial*, LXX, 5 (November 1923), 483.

p. 48 'materialized': Madame Blavatsky, 'The Secret Doctrine' (1888), extract rpt. Kolcotroni, op. cit., 32.

p. 49 'ritual': J. A. Symons, *The Symbolist Movement in Literature* (London: Heinemann, 1899), 9.

Chapter 3: The modernist artist

p. 52 'brain': Joyce, *Ulysses*, ed. Gabler, op. cit., 8: 21–6.

p. 53 'cabbageleaf': ibid., 8: 537–44.
'know': Woolf, 'Mr Bennett and Mrs Brown', in Andrew Mcneillie (ed.), *The Essays of Virginia Woolf*, vol. III (London: Hogarth Press, 1988), 385.
'all': Woolf, 'Character in Fiction', in ibid., vol. III, 427, 428.

p. 54 'June': Woolf, *Mrs Galloway* (Oxford: Oxford University Press, 1992), 4f.

p. 56 'epiphany': Joyce, *Stephen Hero* (London: Jonathan Cape, 1969), 218.
'wittily': Jeri Johnson (ed.), Joyce, *A Portrait of the Artist as a Young Man* (Oxford: Oxford University Press, 2000), 172, 178f.

p. 57 'St Ives': Jeanne Schulkind (ed.), Virginia Woolf, *Moments of Being* (London: Grafton, 1989), 79–81.

p. 58 'all': Virginia Woolf, *To the Lighthouse* (Oxford: Oxford University Press, 1992), 217, 231, 272.

p. 59 'now': T. S. Eliot, 'Burnt Norton', *The Complete Poems and Plays of T. S. Eliot* (London: Faber and Faber, 1969), 175.

'sciences': Frank Kermode, *Romantic Image* (London: Routledge, 1957), 157.

p. 61 'chance': Jean-Paul Sartre, *Nausea*, tr. Robert Baldick (Harmondsworth: Penguin Books, 1965), 60, 63, 82, 182f., 185, 191.

p. 62 'life': J. P. Stern, *The Dear Purchase* (Cambridge: Cambridge University Press, 1995), 30.

'us': Thomas Mann, *The Magic Mountain*, tr. H. T. Lowe-Porter (Harmondsworth: Penguin Books, 1953), 495ff.

p. 63 'witnesses': Ricardo Quinones, *Mapping Literary Modernism* (New Jersey: Princeton University Press, 1985), 92, 95.

'consciousness': Charles Russell, *Poets, Prophets and Revolutionaries* (New York: Oxford University Press, 1985), 10.

'penetrated': Franz Kafka, *The Trial*, tr. Willa and Edwin Muir (Harmondsworth: Penguin Books, 1953), 250f.

p. 64 'man': Quinones, ibid., 95f.

'experience': Quinones, ibid., 105.

p. 65 'element': George K. Zykaruk and James T. Boulton (eds.), *The Letters of D. H. Lawrence*, vol. ii (Cambridge: Cambridge University Press, 1981), 183.

'them': in a review in *The Nation and Athenaeum*, 13 August 1921, rpt. Colin Clarke (ed.), *D. H. Lawrence, The Rainbow and Women in Love: A Casebook* (London: Macmillan, 1969).

'triumph': D. H. Lawrence, *The Rainbow* (Oxford: Oxford University Press, 1997), 319f.

p. 66 'circulation': see John Werthen, *D. H. Lawrence* (London: Allen Lane, 2005), 164.

'[ch xv]' I follow S. L. Goldberg, 'The Rainbow: Fiddle and Sand, *Essays in Criticism*, XI, no. 4 (1961), rpt. in Clarke (ed.), op. cit., 120.

p. 67 'being': Julian Moynihan, 'Ritual Scenes in *The Rainbow*', rpt. Clarke (ed.), op. cit., 149.

p. 69 'fascination': Douglas Jarman, *Alban Berg: Wozzeck* (Cambridge: Cambridge University Press, 1989), 44 (on the fugue) and 21.

p. 70 'life': André Breton, 'The First Surrealist Manifesto' (1924), in *André Breton: Manifestos of Surrealism* (Ann Arbor: University of Michigan Press, 1972), 26.

p. 71 'reason': ibid., 9f.

p. 72 'mind': rpt. in Kolocotroni et al. (eds.), *Modernism: An Anthology of Sources and Documents* (Edinburgh: Edinburgh University Press, 1998), 601ff.

p. 73 'suicide': Ruth Brandon, *Surreal Lives: The Surrealists 1917–1945* (London: Macmillan, 1999), 317f and 330.
'member': Sigmund Freud 'Fetishism' (1927), in *On Sexuality*, Penguin Freud Library, vol. 7 (Harmondsworth: Penguin Books, 1977), 354.

p. 75 '1936': Jennifer Mundy (ed.), *Surrealism: Desire Unbound*, exh. cat. (London: Tate Publishing, 2001), 45.

p. 76 'details': Ian Gibson, *The Shameful Life of Salvador Dali* (London: Faber and Faber, 1997), 215f.

p. 77 'discovering': Wallace Stevens, *Opus Posthumous* (London: Faber and Faber, 1969), 177.
'lying': Christopher Isherwood, *Lions and Shadows* (London: Signet, 1968), 185.

p. 78 'breakfast': W. H. Auden, *The Orators* (London; Faber and Faber, 1966), 93.

p. 79 'destiny': W. H. Auden, 'Psychology Today' (1935), in Edward Mendelson (ed.), *The English Auden* (London: Faber and Faber, 1977), 340f.

Chapter 4: Modernism and politics

p. 81 'complication': I follow Brandon, op. cit., 262ff. For a full account, see Gerard Duruzoi, *History of the Surrealist Movement*, tr. Alison Anderson (Chicago and London: Chicago University Press, 2002), 189–235.

p. 82 'law': Arthur Koestler, *Darkness at Noon* (Harmondsworth: Penguin Books, 1964), 41, 82.
'abnormal': cf. the account of Lukács in Astradur Eysteinsson, *The Concept of Modernism* (Ithaca and London: Cornell University Press, 1990), esp. 29.

p. 83 'people': Lukács, 'Realism in the Balance' (1938), rpt. in Kolcotroni et al., op. cit., 584ff.
'1960s': Eric Kaufmann in *Prospect* magazine, November 2006, 30.
'communion': in his 'A Hope for Poetry' (1934), in Kolcotroni, op. cit., 489.

p. 84 'communism': Orwell, 'Inside the Whale' (1940), ibid., 607.
'poetry': Day Lewis, ibid., 492.

p. 85 'life': Alex Ross, *The Rest is Noise* (London: Fourth Estate, 2008), 203–4.

p. 87 'dadaists': Peter Adam, *The Arts of the Third Reich* (London: Thames and Hudson, 1992), 123.

p. 88 'abolished': excerpts from Hitler's speech are cited from Kolcotroni, op. cit., 560–3. The German text of the speech is in Peter Klaus Schuster (ed.), *Die 'Kunststad' Munchen 1937 – Nationalsozialismus und 'Entartete Kunst'* (Munich: Prestel, 1987), 242–53.

'being': Winfried Wendland, *Kunst und Nation* (Berlin: Verlag der Raimer Hobbing, 1934), 19, cit. Adam, op. cit., 95.

'life': cit. Adam, op. cit., 95f.

p. 89 'Word': these paintings (along with many others) are reproduced in Adam, op. cit., 26, 51, 172.

p. 90 'thought': a press spokesman for the Ministry of Information (1937), cit. Adam, op. cit., 16.

'cultural life': cit. Adam, op. cit., 69.

'spiritual life': Paul Fechter, cit. Ronald Taylor, *Literature and Society in Germany 1915–1945* (Brighton: Harvester, 1980), 244.

p. 92 'vision': Charles Russell, *Poets, Prophets and Revolutionaries* (New York and Oxford: Oxford University Press, 1985), 113.

'style': Diana Crane, *The Transformation of the Avant-Garde: The New York Art World, 1940–1985* (Chicago: Chicago University Press, 1987), 1.

p. 93 'Greenberg': notably in his essays 'Modernist Painting' (1961) and 'After Abstract Expressionism' (1962), rpt. in Charles Harrison and Paul Wood (eds.), *Art in Theory 1900–1990* (Oxford: Blackwell, 1992).

p. 94 'row': Derek B. Scott, 'Introduction', in Derek B. Scott (ed.), *Music, Culture and Society* (Oxford: Oxford University Press, 2000), 11.

p. 96 'expressionism': Grosz, cit. Beth Irwin Lewis, *Georg Grosz: Art and Politics in the Weimar Republic* (New Jersey: Princeton University Press, 1991), 53.

p. 98 'romanticism': Grosz, cit. Hans Hess, *George Grosz* (New Haven and London: Yale University Press, 1985), 101f.

'weapon': Carl Einstein 'Otto Dix', *Das Kunstblatt*, vol. 7 (1923), 97.

p. 100 'shield': Christopher Green, *Art in France 1900–1940* (New Haven: Yale University Press, 2003), 335.
'work': Tim Hilton, *Picasso* (London: Thames and Hudson, 1975), 246.
'aesthetes': Blunt, cit. Green, op. cit., 286.

p. 101 'considerable': Green, op. cit., 289.

p. 102 'masterpiece': cf. e.g. Gijs van Hensbergen, *Guernica: The Biography of a Twentieth Century Icon* (London: Bloomsbury, 2005).

Further reading

In addition to the references cited in the notes, the following are recommended:

Chapter 1: The modernist work

For the politics of *Ulysses*, see, *inter alia*, Andrew Gibson, *Joyce's Revenge: History, Politics and Aesthetics in Ulysses* (Oxford: Oxford University Press, 2002). On the relationship of early modernist painting to popular culture, see for example Jeffrey Weiss, *The Popular Culture of Modern Art* (New Haven and London: Yale University Press, 1994). On Picasso's stylistic evolution, and much else, see Elizabeth Cowling, *Picasso: Style and Meaning* (London: Phaidon, 2002). On the development of Léger's painting, see Christopher Green, *Léger and the Avant Garde* (New Haven and London: Yale University Press, 1976). For a study of technical innovation in the arts, see Christopher Butler, *Early Modernism: Literature, Music and Painting in Europe 1900–1916* (Oxford: Clarendon Press, 1994).

Chapter 2: Modernist movements and cultural tradition

On Picasso and Matisse, see Elizabeth Cowling et al. (eds.), *Matisse/Picasso*, exh. cat. (London: Tate Publishing, 2002). On Diaghilev, see for example Lynn Garafola, *Diaghilev's Ballets Russes* (New York and Oxford: Oxford University Press, 1989), and Lynn Garafola and Nancy Van Norman Baier (eds.), *The Ballet Russe and Its World* (New Haven and London: Yale University Press, 1999). On the development of cubism, see William Rubin (ed.), *Picasso and Braque: Pioneering Cubism*, exh. cat. (New York: Museum of Modern Art, 1989).

On Kandinsky's 'Compositions', see Magdalena Dabrowski, *Kandinsky Compositions* (New York: Museum of Modern Art, 1995). And also Hartwig Fischer and Sean Rainbird (eds.), *Kandinsky: The Path to Abstraction*, exh. cat. (London: Tate Publishing, 2006).

On the Bauhaus, see the documents and pictures in Hans Wingler, *The Bauhaus* (Cambridge, Mass., and London: Massachusetts Institute of Technology Press, 1978). On Duchamp and Picabia in America, see Steven Watson, *Strange Bedfellows: The First American Avant Garde* (New York: Abbeville Press, 1991) and Calvin Tomkins, *Duchamp* (London: Chatto and Windus, 1997). On the allegedly conservative aspects of post-war neoclassicism, see for example Kenneth E. Silver, *Esprit de Corps: The Art of the Parisian Avant Garde and the First World War, 1914–1925* (London: Thames and Hudson, 1989). On the modernist preoccupation with primitivism, see for example William Rubin (ed.), *Primitivism in Twentieth Century Art*, 2 vols (New York: Museum of Modern Art, 1984). Also Robert Goldwater, *Primitivism in Modern Art* (Cambridge, Mass., and London: Harvard University Press, 1986; first published 1938); Marianne Torgovnik, *Gone Primitive: Savage Intellects, Modern Lives* (Chicago and London: Chicago University Press, 1990); and J. Lloyd, *German Expressionism: Primitivism and Modernity* (New Haven and London: Yale University Press, 1991).

On the devlopment of modernist music in America, see Carol J. Oja, *Making Music Modern* (New York and Oxford: Oxford University Press, 2000). On the relationship of modernist music to earlier models, see for example Joseph N. Straus, *Remaking the Past: Musical Modernism and the Influence of the Tonal Tradition* (Cambridge, Mass.: Harvard University Press, 1990). For some appreciation of the many influences on *The Waste Land*, see Lawrence Rainey (ed.), *The Annotated Waste Land, with Eliot's Contemporary Prose*, 2nd edn. (New Haven and London: Yale University Press, 2006) and his *Revisiting The Waste Land* (New Haven and London: Yale University Press, 2005), on the process of its composition. On Freud as atheist, see Peter Gay, *A Godless Jew: Freud's Atheism and the Making of Psychoanalysis* (New Haven: Yale University Press, 1987).

Chapter 3: The modernist artist

On modernist literature in Germany, see J. P. Stern, *The Dear Purchase: A Theme in German Modernism* (Cambridge: Cambridge University Press, 1995); Ronald Taylor, *Literature and Society in Germany 1915–1945* (Brighton: Harvester, 1980); David Midgley, *Writing Weimar: Critical Realism in German Literature 1916–1933* (Oxford: Oxford University Press, 2000); Wolf Lepennies, *The Seduction of Culture in German History* (New Jersey: Princeton University Press, 2006).

On the sexual ramifications of surrealism, see Jennifer Mundy (ed.), *Surrealism: Desire Unbound*, exh. cat. (London: Tate Publishing, 2001). On the irrationalist tradition in poetry, see Marjorie Perloff, *The Poetics of Indeterminacy: Rimbaud to Cage* (New Jersey: Princeton University Press, 1981). On the influence of Dada, see Richard Sheppard, *Modernism, Dada, Postmodernism* (Evanston, Illinois: Northwestern University Press, 2000). On surrealism in England, see Michel Remy, *Surrealism in Britain* (Aldershot: Ashgate, 1999). On the history of the surrealist movement, see Gerard Duruzoi, tr. Alison Anderson, *History of the Surrealist Movement* (Chicago and London: Chicago University Press, 2002).

Chapter 4: Modernism and politics

For a study of Western Marxism, see the volume of that title by J. G. Merquior (London: Fontana, 1986), and for a study of the interaction of Marxism and modernism, see Eugene Lunn, *Marxism and Modernism* (London: Verso, 1985). On the political reactions of British writers, see Valentine Cunningham, *British Writers of the Thirties* (Oxford: Oxford University Press, 1988). The effects of the modernist revolution on Russian art are recounted in Camilla Gray, *The Russian Experiment in Art 1863–1922*, rev. edn. (London: Thames and Hudson, 1986). See also Igor Golomstock, *Totalitarian Art in the Soviet Union, the Third Reich, Fascist Italy and the People's Republic of China*, tr. Robert Chandler (London: Collins Harvill, 1991), chapters 1 to 3. For an account of popular culture and of modernist responses to it, see Noel Carroll, *A Philosophy of Mass Art* (Oxford: Oxford University Press, 1998). An interesting account of the failure of modernism to sustain a consistently socialist development is to be found in T. J.

Clark's *Farewell to an Idea: Episodes from a History of Modernism* (New Haven and London: Yale University Press, 1999). A pioneering study of female social groupings is to be found in Georgina Taylor, *H. D. and the Public Sphere of Modernist Women Writers 1913–1946* (Oxford: Oxford University Press, 2001). On the continuing tradition and importance of realist art in all periods, cf. Brendan Prendeville, *Realism in Twentieth Century Painting* (London: Thames and Hudson, 2000).

Also of interest are David Peter Corbett, *Modernism and English Art* (Manchester: Manchester University Press, 1997) and Lisa Tickner, *Modern Life and Modern Subjects* (New Haven: Yale University Press, 2000). On abstraction, see John Golding, *Painting and the Absolute* (London: Thames and Hudson, 2000). On music in the 20th century, see Alex Ross, *The Rest is Noise* (London: Fourth Estate, 2008), Glenn Watkins, *Pyramids at the Louvre: Music, Culture and Collage from Stravinsky to the Postmodernists* (Cambridge, Mass., and London: Harvard University Press, 1994), and Richard Taruskin, *The Oxford History of Western Music*, vol. 4, *The Early Twentieth Century* (New York and Oxford: Oxford University Press, 2005). Stephanie Barron (ed.), *'Degenerate Art': The Fate of the Avant Garde in Germany*, exh. cat. (Los Angeles: Los Angeles County Museum of Art, 1991). And for music in Germany in this period, see Michael Kater, *Composers of the Nazi Era* (New York and Oxford: Oxford University Press, 2000).

“牛津通识读本”已出书目

古典哲学的趣味
人生的意义
文学理论入门
大众经济学
历史之源
设计，无处不在
生活中的心理学
政治的历史与边界
哲学的思与惑
资本主义
美国总统制
海德格尔
我们时代的伦理学
卡夫卡是谁
考古学的过去与未来
天文学简史
社会学的意识
康德
尼采
亚里士多德的世界
西方艺术新论
全球化面面观
简明逻辑学
法哲学：价值与事实
政治哲学与幸福根基
选择理论
后殖民主义与世界格局
福柯
缤纷的语言学
达达和超现实主义
佛学概论
维特根斯坦与哲学
科学哲学
印度哲学祛魅
克尔凯郭尔
科学革命
广告
数学
叔本华
笛卡尔
基督教神学
犹太人与犹太教
现代日本
罗兰·巴特
马基雅维里
全球经济史
进化
性存在
量子理论
牛顿新传
国际移民
哈贝马斯
医学伦理
黑格尔
地球
记忆
法律
中国文学
托克维尔
休谟
分子
法国大革命
丝绸之路
民族主义
科幻作品
罗素
美国政党与选举
美国最高法院
纪录片
大萧条与罗斯福新政
领导力
无神论
罗马共和国
美国国会
民主
英格兰文学
现代主义
网络
自闭症
德里达
浪漫主义

批判理论
电影
俄罗斯文学
德国文学
戏剧
腐败
儿童心理学
时装